酒店服务与管理专业基于工作过程系统化系列教材

编委会

总　　编：叶军峰　成振洋

编　　委：邓兰珍　李娉婷　赵小玲　蒋碧涛　林文婷

　　　　　罗燕萍　谢玉莲　陈衍怀　陆丽娥　童亚莉

　　　　　董韵捷　黄志伟　朱朦朦　谭文焯　胡嘉欣

企业顾问：

　　　　　广州首旅建国酒店有限公司　　总经理杨卓辉

　　　　　　　　　　　　　　　　　　（广州酒店行业协会副会长）

　　　　　广州首旅建国酒店有限公司　　人力资源总监徐渊

　　　　　广州市嘉逸国际酒店有限公司　总经理黄青照

　　　　　广东大厦　　　　　　　　　　人力资源部经理周敬

Bar
Service
酒吧服务

主编 陈衍怀

暨南大学出版社

JINAN UNIVERSITY PRESS

中国·广州

图书在版编目（CIP）数据

酒吧服务/陈衍怀主编. —广州：暨南大学出版社，2014.5
（酒店服务与管理专业基于工作过程系统化系列教材）
ISBN 978 – 7 – 5668 – 0960 – 5

Ⅰ.①酒…　Ⅱ.①陈…　Ⅲ.①酒吧—商业服务—技术培训—教材　Ⅳ.①F719.3

中国版本图书馆 CIP 数据核字（2014）第 054619 号

出版发行：暨南大学出版社

地　　址：中国广州暨南大学
电　　话：总编室（8620）85221601
　　　　　营销部（8620）85225284　85228291　85228292（邮购）
传　　真：（8620）85221583（办公室）　85223774（营销部）
邮　　编：510630
网　　址：http：//www. jnupress. com　http：//press. jnu. edu. cn

排　　版：广州市天河星辰文化发展部照排中心
印　　刷：广东广州日报传媒股份有限公司印务分公司

开　　本：787mm×1092mm　1/16
印　　张：7.75
字　　数：164 千
版　　次：2014 年 5 月第 1 版
印　　次：2014 年 5 月第 1 次

定　　价：28.00 元

（暨大版图书如有印装质量问题，请与出版社总编室联系调换）

总序

为了培养具备综合职业能力的高技能酒店服务与管理人才，编者以"工学结合"为指导思想，引入国外先进职教理念，深入广州地区酒店行业及企业实地考察、访谈和调研，以酒店岗位从业人员的实际工作任务为主线，依托校企合作，共同对酒店服务与管理人才培养模式、培养目标、职业能力和课程设置进行分析及定位，以典型工作任务为载体，根据典型工作任务和工作过程设计学习情境，按照工作过程的顺序和学生自主学习的要求进行教材内容的编写，创新并开发了酒店服务与管理专业基于工作过程系统化系列教材。本系列教材共12本，分别是：《餐厅服务》、《客房清洁》、《楼层接待服务》、《前厅服务》、《菜肴与酒水推销》、《酒吧服务》、《酒店英语》、《酒店服务心理》、《酒店服务礼仪》、《酒店信息管理》、《餐厅技能训练》、《客房技能训练》。

本系列教材由一批学术水平高、教学经验丰富、课程开发能力强的酒店专业教师与企业骨干共同开发而成。在教材组织编写工作中，我们坚持以下原则：

一是从职业岗位群分析入手，根据酒店对服务人员的要求和相关的国家职业标准，科学确定教材内容，使教材具有贴近酒店一线从业人员岗位实际工作要求的鲜明特色。

二是根据中等职业技术院校酒店服务与管理专业的教学特点，合理编排教材内容，并以工作情境为切入点，采用任务驱动的编写思路，使教材具有适应教学和易于学习的鲜明特色。

三是注重将酒店企业的新理念、新方法及综合职业能力要求编入教材，使教材具有与行业发展同步的鲜明特色，不仅适用于酒店服务与管理专业的教学，也适用于酒店行业、企业员工的职业培训。

上述教材的编写得到了广州首旅建国酒店有限公司、广州市嘉逸国际酒店有限公司、广东大厦等校企合作企业的大力支持，教材的编审人员做了大量的工作，在此表示衷心的感谢。同时，恳切希望广大读者对教材提出宝贵的意见和建议，以便修订时加以完善。

编委会
2014 年 3 月

Contents

目录

Contents

学习情境一

●**学习目标**

1. 知道调酒员每天的常规工作内容有哪些；
2. 会使用调酒用具、识别各种杯具并知其用途；
3. 能熟练使用搅拌机、咖啡机、制冰机等酒吧主要设备；
4. 能知道如何布置酒吧物品；
5. 能做好酒吧吧台的保洁工作，做好酒吧的卫生清洁工作，并保持酒吧环境及各项用具之整洁，使其符合卫生规定标准。

> ### 情境描述

　　为了做好学校模拟酒吧——阳光酒吧每天的对外接待工作，请根据客人的特点完成酒吧营业前的准备工作，做好酒吧室内环境布置，完成以下学习任务：

（1）认识酒吧物品；
（2）清点酒水、摆放酒吧物品；
（3）擦拭杯具；
（4）准备调酒装饰物品。

任务布置

（1）每5—8人组成一组，以小组为单位，以布置酒吧、做好营业前各项准备工作为任务。

（2）各小组能口述酒吧布置的具体事项、具体设备的使用情况。

（3）各小组能展示布置、准备酒吧的工作过程和方法。

知识链接

在酒吧营业前的工作中，酒吧布置工作主要包括：清洁和整理酒吧卫生、整理和摆放酒吧物品、清点和准备所需酒水、补充和擦拭杯具、准备调酒所需装饰物、补充小吃、准备冰块等。

一、清洁卫生和检查酒吧物品

酒吧一般由吧台区、音控室、主题活动区、座位区、包厢、卫生间等组成，酒吧营业前都需要做好清洁卫生工作和准备好各项酒吧服务用品，具体操作内容和标准可参考表1-1。

表1-1 清洁酒吧卫生工作内容和标准

工作内容	工作标准
清洁吧台	（1）用湿布和消毒液擦拭台面，然后用干布擦干 （2）用另一块湿布擦拭所有的椅子，确保椅子干净、整洁、无尘、无破损
摆放酒吧桌面用具	（1）糖罐内按数量要求摆放白砂糖和咖啡糖包 （2）烟灰缸、花瓶等用具干净、无破损 （3）酒水单或酒水牌干净清洁、无破损
清洗托盘和小吃盘	（1）确保托盘、小吃盘等用具干净、无破损 （2）确保数量充足
清洁酒吧地面	地面洁净、无水迹。如果是地毯，应用吸尘器或尘推（地板或花岗岩地面）除尘
其他检查	室温的调节、音响设备检查、灯光设备检查等

二、整理和摆放调酒用具和设备

吧台摆设主要有瓶装酒摆设、酒杯摆设和工具设备摆设。摆设要讲究美观大方、有吸引力、方便工作、专业性强。酒吧的气氛和吸引力往往集中在瓶装酒和酒杯的摆设上。摆设要让客人知道这是酒吧，是品酒的地方。

1. 认识常用的调酒用具

（1）英式调酒壶，由壶身、滤冰器和壶盖三部分组成。它是调制鸡尾酒的常用工具，按照型号分为大、中、小号三类。（图1-1）

（2）美式波士顿摇壶，是花式调酒专用的工具，由玻璃调酒杯和不锈钢壶身组成。（图1-2）

（3）量杯，主要是用来量取酒料以保证口味的纯正。一般为1.5oz与1oz组合，还有0.5oz与1oz组合。（图1-3）

（4）滤冰器，配合波士顿摇酒壶使用的滤冰工具。圆形工具分为单耳及双耳两种，是用来固定位置的，上边附有弹簧钢圈用来与摇酒壶内壁贴合。（图1-4）

（5）吧匙，是调酒用的不锈钢制品。一端为匙状，长柄中间带有螺旋状，另一端为叉子。吧匙用途广泛，不但可以量取少量酒料，叉取装饰用水果，还是调和法的搅拌工具及调制彩虹酒的缓冲工具。（图1-5）

（6）吧垫，铺在吧台工作区域的塑料垫。把摇壶、调酒杯及饮品放在吧垫上，既能防水又能保护吧台。（图1-6）

（7）酒刀，是用来开启葡萄酒的专用工具。（图1-7）

（8）冰桶，是用来盛放冰块或冰镇葡萄酒的工具。（图1-8）

（9）杯垫，是为了防止酒杯滑动而置于酒杯下面的圆形或其他形状的小垫子。一般酒水品牌还用它来做广告宣传。（图1-9）

（10）冰夹，是配合冰桶一起使用的夹取冰块的工具，有时也可以使用它来夹取装饰用的水果。（图1-10）

（11）吸管/餐巾盒，是将吸管、搅棒、纸巾等小物品集中在一起的工具，以方便拿取。（图1-11）

（12）饰物盒，用于盛装各种水果装饰物的专用工具，能起到保险作用。（图1-12）

（13）酒嘴，是安装在酒瓶口上用来控制酒水流量的工具。一般分为快速阔口型、匀速中口型和慢速窄口型三种。材质分为不锈钢制及塑料制。（图1-13）

（14）盐边盒，是做盐边杯、糖边杯的专用工具，可开合。（图1-14）

（15）冰铲，用不锈钢或塑料制成，用于铲冰。（图1-15）

（16）开罐器，开启罐头的专用工具。（图1-16）

（17）压棒，是调酒杯里压榨果汁的专用工具，有木材和塑料两种材质。（图1-17）

（18）搅棒，通常置于装有冰块的柯林杯或高杯中，方便客人搅拌杯中饮料。（图1-18）

图1-1 英式调酒壶
（The Standard Shaker）

图1-2 美式波士顿摇壶
（The Boston Shaker）

图1-3 量杯
（Jigger/Measure）

图 1-4　滤冰器（Strainer）

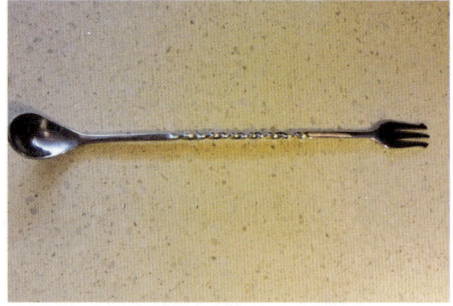

图 1-5　吧匙（Bar Spoon）

图 1-6　吧垫（Bar Mat）

图 1-7　酒刀（Corkscrew）

图 1-8　冰桶（Ice Bucket）

图 1-9　杯垫（Coaster）

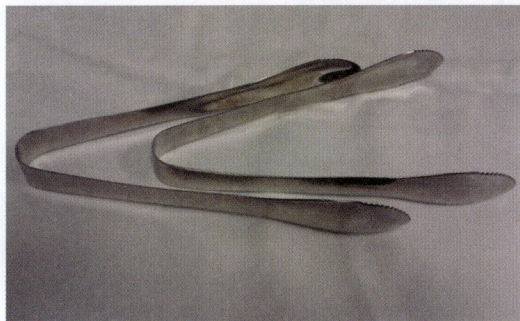

图 1 – 10　冰夹（Ice Tongs）

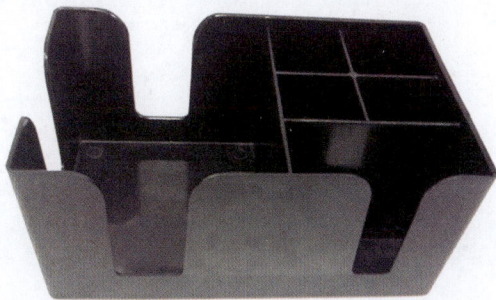

图 1 – 11　吸管/餐巾盒（Napkin Holder）

图 1 – 12　饰物盒（Condiment Holder）

图 1 – 13　酒嘴（Pourer）

图 1 – 14　盐边盒（Glass Rimmer）

图 1 – 15　冰铲（Ice Scoop）

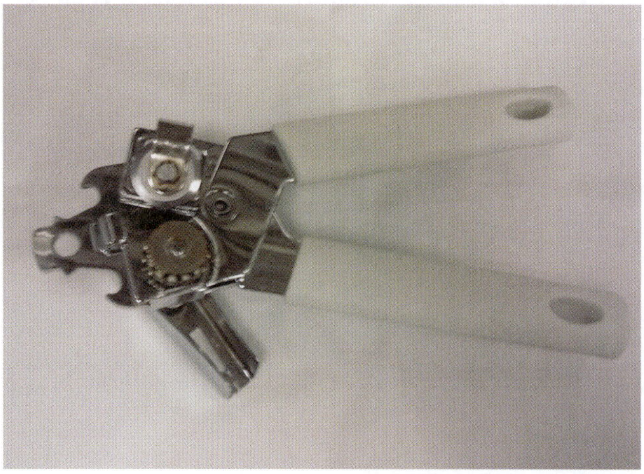

图 1 - 16　开罐器（Can Opener）

图 1 - 17　压棒（Muddler）

图 1 - 18　搅棒（Stirrer）

2. 认识常见的酒吧电器设备

（1）搅拌机，带刀片高速旋转的电动工具，常用于鲜果饮品的调制，如芒果汁。（图 1 - 19）

（2）制冰机，制作冰块的机器。不同型号或品牌的制冰机制成的冰块形状也不同，常见的有四方体、圆体、扁圆体等多种形状。四方实心冰块因不易融化，适合酒吧使用。（图 1 - 20）

（3）碎冰机，将冰块碾磨成碎粒状的工具。使用搅拌机制作饮品时，一般都要使用碎冰机。（图 1 - 21）

（4）半自动咖啡机，是制作意大利特浓咖啡的专业设备，使用时因需要通过人工磨粉、压粉等环节配合，故称"半自动"。（图 1 - 22）

（5）咖啡研磨机，研磨咖啡豆的专用工具，能准确研磨出有碎度要求的咖啡粉。（图1－23）

（6）咖啡暖炉，是使成品咖啡保持一定温度的工具。（图1－24）

（7）榨汁机，用于压榨鲜果汁的工具，如西瓜汁、橙汁等。（图1－25）

（8）奶昔机，用于搅拌奶昔。奶昔是一种用鲜牛奶和冰淇淋混合的饮品。（图1－26）

（9）酒槽，用于盛放常用酒水的不锈钢槽，置于调酒工作区域的下方，方便操作。（图1－27）

图1－19 搅拌机（Blender）

图1－20 制冰机（Ice Cube Machine）

图1－21 碎冰机

（Crushed Ice Machine）

图1－22 半自动咖啡机

（Semi-automatic Coffee Machine）

图 1 – 23　咖啡研磨机

（Coffee Grinder）

图 1 – 24　咖啡暖炉

（Coffee Warmer）

图 1 – 25　榨汁机

（Juice Extractor）

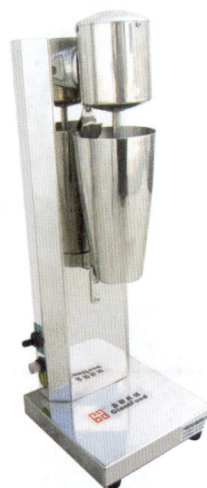

图 1 – 26　奶昔机

（Milk Machine）

图 1－27 酒槽

（Bar Sink）

【知识延伸】——各种机器设备安全操作知识

1．榨汁机

（1）插电源时，双手保持干爽，不要用湿手去插电源，不能急速插入，以免引起火花。

（2）榨汁时，不能用手指挤压蔬果，而须使用所配备的挤压棒。

（3）榨橙汁时，一手必须利用五指握紧半边橙，往转动着的挤压帽压下去，用力要均衡，手掌及手指任何部位不能碰到正在转动的帽头。

（4）清洗榨汁机时，必须切断电源，要等机器完全停止后才可拆卸清洗，清洗后要按原构造装配完整，以备下次使用。

2．搅拌机

（1）检查电源线、电插头等是否有破损，机器是否有破损，机器运作时是否有异常，有问题要及时维修。

（2）必须确保搅拌机壶放稳在机上，才启动开关，搅拌机完全停止后才能拿起搅拌壶倒饮品。

（3）不能空转搅拌机及用手触摸转动中的搅拌机转叶。

（4）使用前后均要清洗搅拌杯。

（5）搅拌时间不能过长。

（6）使用途中，马达未停止，不能将搅拌杯移开。

（7）下班前应切断电源。

（8）尽量使用碎冰或小冰块。

（9）不搅拌带有硬核的水果，不可加入有气泡的饮料。

（10）搅拌时间为5—10秒。

3．蒸馏咖啡机

（1）启动开关让机预热。

（2）机体温度较高，不能用手触摸。

（3）煮咖啡时，不能用手直接拿取热水喷注管，应用手提住喷注管的塑料手柄。

（4）清倒咖啡渣时，提起缸盖，身体应避开高温蒸汽。

（5）内滤网因较热，应用隔热物品套着双手拿取。

4．咖啡热炉

（1）切莫让煮沸的热水或咖啡、茶流入炉内而导致短路。

（2）启动开关后不能用手触摸加热的炉板。

（3）空的咖啡壶不能置于热炉上，以免造成咖啡壶爆裂。

（4）热炉使用完后，切断电源并待其冷却后再放入储物柜。

5．各式刀具

（1）使用前必须检查刀具是否锋利，不锋利的刀不能切食品。

（2）压住食品的手指必须弯曲，像蟹爪形状。

（3）刀身要紧贴手指曲位，刀身必须垂直或者不能大于90°角。

（4）切食品时必须专心，不要开小差，避免切伤手指。

6．微波炉

（1）使用时接通电源。

（2）检查各类显示器是否正确。

（3）将食品放入炉内，严格遵守微波炉使用规则，含有金属成分的物品严禁放入炉内。

（4）用后要用手轻轻关上门。

三、擦拭杯具

1．认识各种杯具

各种杯具见图1-28至图1-36。

图 1-28　香槟杯
(Champagne Glass)

图 1-29　三角鸡尾酒杯
(Cocktail Glass)

图 1-30　古典杯
(Old Fashion Glass)

图 1-31　高杯
(Hight Ball Glass)

图 1-32　葡萄酒杯
(Wine Glass)

图 1-33　啤酒杯
(Beer Glass)

图 1-34　洛克杯
(Rocks Glass)

图 1-35　白兰地杯
(Brandy Glass)

图 1-36　玛格丽特杯
(Margaret Glass)

2. 擦拭杯具要求

表 1 – 2　擦拭杯具方法

步　骤	工　作　内　容
准备工作	（1）服务员在擦拭杯具前一定要清洗双手并消毒。 （2）准备两块清洁、干爽的餐巾。 （3）保持摆放杯具的台面清洁，并用餐巾垫在其表面上。
擦拭杯具	（1）将鸡尾酒杯口向下放至热水表面，让热水的蒸汽充满杯子内外（见图 1 –37）。一手用餐巾的一角包裹住杯具底部，一手将餐巾的另一段塞入杯中擦拭，擦至杯中的水汽完全干净、杯子透亮为止，具体动作见图 1 –38。如果擦高杯，可见图 1 –39 和图 1 –40。 （2）取出杯内的餐巾，左手仍握住餐巾和被包住的杯底，将杯子置于灯光下，检查杯子的干净程度。如果杯子不干净，应重复擦拭，直到干净为止。 （3）擦拭玻璃杯时，双手不要直接接触杯具，也不可太用力，以防扭碎杯具。 （4）擦拭后的杯子不能再用手直接接触，以防留下指印。 （5）如果发现杯子有破损，不管破损大小、破损在什么位置，都应立即停止使用并向保管员报损。
摆放杯具	（1）轻拿玻璃杯底部，口朝下放置在台面（或酒杯吊架）上。 （2）玻璃杯摆放要整齐，并分类放置。

图 1 –37

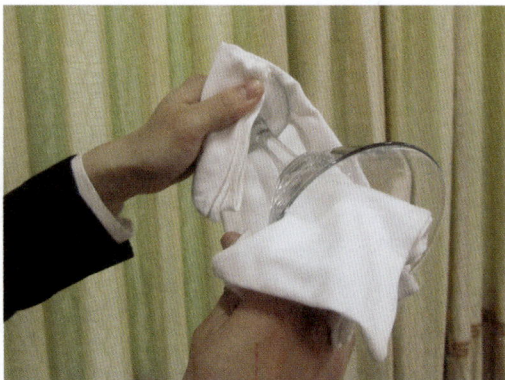

图 1 –38

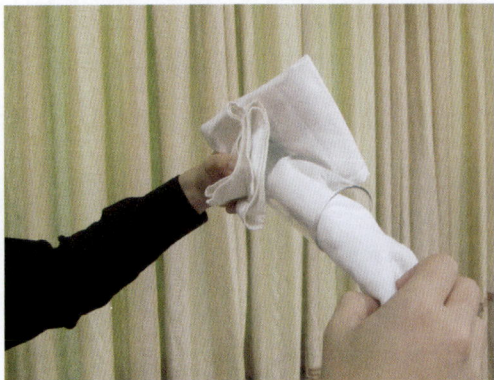

图 1 - 39

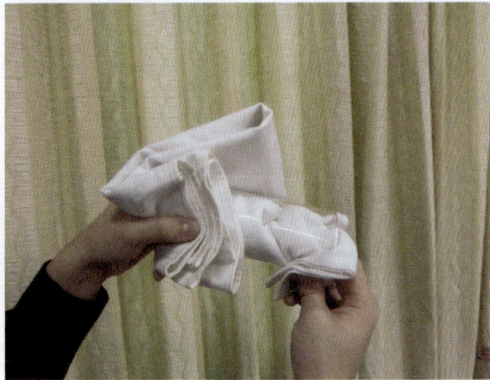

图 1 - 40

四、清点酒水

1. 清点酒水并填写原料领货单（见表 1 - 3）

表 1 - 3 酒水领货单

部门：阳光酒吧　　　　　　　　　　　　　　　　　日期：×× 年 ×× 月 ×× 日

编号	品种	规格	单位	领货数量	实发数量	单价（元）	总金额	备注
0101	皇冠伏特加	750mL	瓶	2	2	90	180	
0218	甘露咖啡酒	750mL	瓶	2	2	110	220	
0628	雀巢三花淡奶	410g	罐	4	3	70	210	
0401	珠江啤酒	330mL	箱	1	1	60	60	罐装
…	…	…	…	…	…	…	…	…

制表人：　　　　　　　　　　　　　　　部门经理：

发货人：　　　　　　　　　　　　　　　领货人：

主要填写如下内容：

编号——仓库对酒水原料的自编码。

品种——酒水原料的全称。

规格——酒水原料的容量、重量等。

单位——酒水原料的计算单位，例如以瓶或罐为单位等。

领货数量——酒吧计划领用原料的数量。

实发数量——发货人根据货仓实际情况发放的原料数量。

单价——酒水原料的进货价格。此栏由仓库管理员或核算部负责填写。

总金额——每项已领用酒水原料的总金额。此栏由仓库管理员或核算部负责填写。

酒水原料领货单一般为一式三联。第一联交财务部进行成本核算，第二联由发货仓库留存记账，第三联由领用酒水酒吧留存记账。

2．从货仓提货（早班负责）

（1）酒水原料领货单填写好后交由酒水部经理签名确认（晚班）；

（2）根据酒店货仓所规定的领货时间，凭酒水领货单到货仓提货；

（3）在领酒水原料时要清点数量以及核对名称，以免造成误差；

（4）领货人在领货单上签名后领回酒水。

3．补充酒水原料（早班负责）

（1）啤酒、矿泉水、汽水应擦拭干净后补充入冷柜内；

（2）所有酒水要擦拭酒瓶后方可放入柜中或摆上酒架；

（3）补充酒水原料时应遵循先进先出原则，特别是保质期短的原料；

（4）在酒水销售盘存表中登记好当日酒水原料领入数，以便营业结束后统计实存数。

4．补充、陈列酒水原料应注意的事项

（1）领用酒水原料及摆放时应轻拿轻放，避免造成破漏；

（2）每天必须对冷柜进行清洁，用抹布把冷柜内侧、隔层架擦干净，冷柜底部不能有积水；

（3）瓶装酒除日常外部清洁外，还需定期清洁瓶口；

（4）检查酒水、饮料的保质期；

（5）补充酒水要进行位置倒换，避免冷柜内侧的酒水、饮料因长期得不到使用而变质，甚至过期。

五、吧台物品摆放

1．前吧台

前吧台，配有高吧凳，在前吧台的客人可直接向调酒师点饮品。前吧台的高度一般在110—120厘米，台面宽50—75厘米。操作台通常包括下列设备：双格洗涤槽带沥水（具有初洗、刷洗、沥水功能）或自动洗杯机、水池、储冰槽、酒瓶架、杯架以及饮料机或啤酒机等。（图1－41）

2．工作吧台

工作吧台，是调酒师工作的主要地方，位于前吧台的后侧下方，台面高度为80厘米。在工作吧台上，除摆放一些常用的杯具外，还可准备饮料和水果。

3. 后吧

后吧实际上起着储藏、陈列的作用，上层橱柜通常陈列酒具、酒杯及各种瓶装酒，一般多为配制混合饮料的各种烈性酒；下层橱柜存放红葡萄酒及其他酒吧用品；安装在下层的冷藏柜则可用来冷藏白葡萄酒、啤酒以及各种水果原料。

4. 吧台布置

吧台的布置与摆设主要是指瓶装酒的摆设和酒杯的摆设。

（1）瓶装酒的摆设方法有以下几种（工作内容及标准见表1－4）：

① 按酒的类别摆放。依照酒水分类的原则，按照酒水品种的不同如威士忌、白兰地、利口酒等分展柜依次摆放。（图1－42）

② 按酒的价值摆放。将价值昂贵的酒同便宜的酒分开摆放。在酒吧，我们会发现同一类酒水之间的价格差异是很大的。例如，白兰地类酒水便宜的几十元一瓶，贵的要一万多元一瓶，如果两者摆在一起，在某种意义上是不太相称的。

③ 按酒水的生产销售公司摆放。酒水的生产销售公司有时会买断酒吧某个或几个展示酒柜用以陈列本公司的酒水，起到宣传推广作用。因此，酒吧在每日"设吧"时会按照该公司的要求进行摆放。

（2）酒杯的摆设：

酒吧内酒杯的摆设采用悬挂与摆放两种方法。悬挂式摆设是指将酒杯悬挂于酒吧台面上部的杯架内，一般这类酒杯不使用（因为取拿不方便），只起到装饰作用。摆放式摆设是指将酒杯分类，整齐地码放在操作台上，这样可以方便调酒师工作时拿取。

酒杯摆设时还应注意：那些习惯添加冰块的酒杯，如柯林斯杯、古典杯等应放在靠近制冰机的位置，而啤酒杯、鸡尾酒杯则应放在冰柜内冷存备用，那些不需要加冰块的酒杯放于其他空位上。

表1－4　摆放酒水工作内容及标准

工作内容	工作标准
清洁酒架	（1）酒架无尘、无水迹 （2）先用湿布，再用干布擦拭酒架
酒瓶清洁	（1）瓶体干净，商标无破损 （2）打开瓶盖，瓶口应干爽、不结晶 （3）用湿布擦拭酒瓶及瓶口
酒瓶摆设	（1）整齐有序 （2）按摆设要求逐一摆放 （3）所有商标正面朝向客人

图 1 - 41

图 1 - 42

六、准备调酒装饰物

1. 用柠檬制作杯饰

（1）柠檬切片制作： ① 柠檬横放，由中心下刀切成两半； ② 由横切面中间开始切片，边阔约 1cm； ③ 在柠檬片边沿切一刀口用于挂杯； ④ 搭配车厘子挂在杯边（见图 1 - 43）。	 图 1 - 43
（2）柠檬轮制作： ① 把柠檬放在左手心里握紧，右手持水果刀； ② 往柠檬纵深方向切一长条，再挑起约0.5cm 阔的柠檬长条皮（注意不要切到果肉里）； ③ 在相等距离处，再用刀尖挑起同一阔度的长条皮，大概挑出 6 条果条； ④ 柠檬放在砧板上，横向切 1cm 的柠檬圆片后挂杯，形成车轮模样（见图 1 - 44）。	 图 1 - 44

2．用橙子制作杯饰

（1）单耳型： ① 先把橙子一端的圆顶切掉，然后取1/8 橙角； ② 从橙角尖端处利用刀尖把果皮和果肉分开，尽量不要露出果肉； ③ 在皮的右侧边缘斜切一或三刀即成； ④ 另一端圆顶处插上车厘子的果签挂杯使用（见图1-45）。	 图 1-45
（2）双耳型： ① 切一圆顶橙角，将橙子取1/8 片； ② 从橙角尖端处利用刀尖把果皮和果肉分开，尽量不要露出果肉； ③ 在皮的左、右侧边缘分别斜切一刀即成； ④ 将花样向内翻折成耳朵型的兔子； ⑤ 配合串上车厘子的果签挂杯使用（见图1-46）。	 图 1-46

3．用苹果制作杯饰

苹果塔制作： ① 将苹果切割，取1/4 块制作； ② 把苹果切 V 形，刀口交错，能分离； ③ 以此切法切成大小层次的 V 形，呈柳叶状； ④ 在苹果截面切一刀口挂杯（见图1-47）。	 图 1-47

4. 西瓜与菠萝杯饰的制作

（1）西瓜皮制作： ① 切一三角形状的西瓜皮； ② 把白色的皮肉去掉，留下绿色的薄皮； ③ 在三角形内切出 3—4 个小三角形，但底部不切断（见图 1-48）。	 图 1-48
（2）菠萝角制作： ① 选择成熟的菠萝把顶端绿叶切掉； ② 菠萝横放，将头、尾一小截切掉； ③ 摆正后直刀而下，一切为二； ④ 果肉朝下，再直刀切成 1/4 块； ⑤ 一端插上西瓜条和车厘子； ⑥ 选择挂杯口处切一刀口能挂杯即可（见图 1-49）。	 图 1-49

5. 其他的装饰物

其他装饰物见图 1-50 到图 1-55。

图 1-50　青柠檬

图 1-51　芹菜

图 1-52　薄荷叶

图 1 – 53　草莓

图 1 – 54　橄榄

图 1 – 55　西柚

【知识延伸】

1．盐边或糖边杯的制作

（1）准备干净的酒杯、砧板、果刀和盐边盒（用一碟子装盐或糖也可以）；

（2）用柠檬切出一份柠檬角（见图 1 – 56）；

（3）用冰夹夹住柠檬角把鸡尾酒杯杯口抹湿（见图 1 – 57）；

（4）把杯子倒扣在盐边盒上或碟子上，让杯口自然沾上盐或糖（见图 1 – 58）；

（5）用手指轻敲杯子四周，让盐或糖均匀分布在一圈杯口上（见图 1 – 59）。

图 1 – 56

图 1 – 57

图 1-58

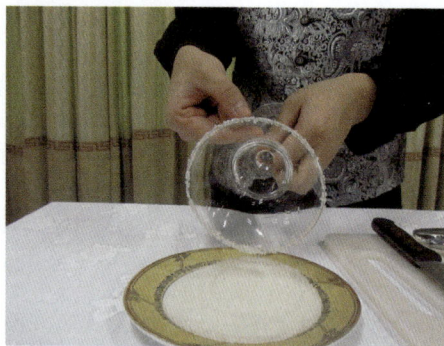

图 1-59

2. 制作饮品装饰物应注意的事项

（1）装饰物应干净、新鲜；

（2）将所有的装饰物放在饰物盒内存放；

（3）蜜饯樱桃、咸橄榄等罐装原料使用时应先用清水冲洗；

（4）一般情况下，切配好的水果类装饰物保质时间为 24 小时，隔天不再使用。

任务准备

一、团队组建

本情景内容的学习采取小组学习的方式进行，请在规定时间（10 分钟）内自行组建学习小组（每组人数视班级情况自定），5—8 人为一组，教师根据学生特质作适当调配。

班名		组别	
组长		组长电话	
组员姓名			

二、物品和场地准备

1. 场地

模拟酒吧。

2. 物品

（1）吧台设备：三格洗涤槽、杯架、后吧储酒柜；

（2）桌椅家具：吧凳、小圆吧桌、沙发；

（3）电器设备：制冰机、冰箱、搅拌机、榨汁机、咖啡机、研磨机、消毒柜、空调设备、音响设备、收银设备；

（4）调酒用具：摇酒壶、量杯、滤冰器、吧匙、搅棒、吸管、配料盒、纸巾等物品；

（5）餐巾布件：擦杯专用巾、桌布、餐巾等；

（6）杯具：鸡尾酒杯、香槟杯、葡萄酒杯、古典杯等多款杯型，每款杯型提供10—20只；

（7）各类型酒瓶：各类烈酒、配制酒酒瓶，酒瓶数量20只以上；

（8）制作杯饰用具：水果刀具、砧板、果签等；

（9）水果：橙子、柠檬、车厘子和应季水果等。

任务实施

一、制定实施方案

认真分析任务，并确定好任务实施方案或工作流程。

（1）_____

（2）_____

（3）_____

（4）_____

（5）_____

（6）_____

（7）_____

二、确定人员分工

任务实施过程中要明确分工任务，组长要调动组员充分表达不同意见，形成职责清晰的任务分工表。

姓名	工作内容

三、过程监督

请各组成员在任务实施过程中做好过程记录，组长负责进行监督，全组共同完成进度监督表。

工作阶段	时间	工作内容	检查情况记录 （优缺点）	改善措施以及建议

四、各组成员记录任务实施过程中的困难及收获

困难：_____

_____

小组成员想到的解决方法：_____

_____

本次活动的收获：_____

_____

五、成果展示

（1）口述酒吧布置的具体事项、具体电器设备和用具的使用情况。

（2）各小组能现场布置、准备酒吧营业前工作。

六、班内汇报

汇报内容包括：对本次任务完成情况的介绍、任务实施过程中遇到的困难和解决的方法、对所搜集及观察到的内容的解说等。小组互相点评，并对同学的汇报情况做好记录。

组别	汇报情况（包括任务完成情况介绍、过程处理等方面）

评价反馈

以小组为单位，结合表中标准，围绕自己在活动中的表现，进行客观评价。建议的评分表如下。

评分表1　擦拭杯具

班别：　　　　　组别：　　　　　姓名：　　　　　日期：

评价内容	稳定性 （20分）	速度 （20分）	质量 （20分）	卫生 （20分）	形象 （20分）	总分 （100分）
自评						
小组评						
教师建议						

评分表 2　杯饰制作

班别：　　　　　　组别：　　　　　　姓名：　　　　　　日期：

评价内容	握刀姿势正确 （20分）	操作程序正确 （20分）	速度适当 （20分）	卫生操作 （20分）	杯饰美感 （20分）	总分 （100分）
自评						
小组评						
教师建议						

评分表 3　小组展示酒吧布置工作

班别：　　　　　　组别：　　　　　　日期：

评价内容	工作过程清晰 （20分）	酒吧设计独特、 主题突出（20分）	酒吧物品布置 合理（20分）	卫生标准符合 要求（20分）	小组成员分工清 晰合理（20分）	总分 （100分）
自评						
小组评						
教师建议						

思考与练习

（1）分组参观星级酒店的大堂酒吧、宴会吧、餐厅服务酒吧等，观察不同类型酒吧的布置，学习其组织架构。

（2）练习搅拌机、榨汁机、制冰机如何使用。

（3）练习酒水端托技能。

（4）练习水果杯饰的切配并能创新设计杯饰。

（5）思考水果和酒水色彩味道如何合理搭配。

●学习目标

1. 能按调酒师职业素质要求规范个人行为；
2. 能热情、熟练地进行迎宾服务、帮助客人点选酒水、制作饮品、提供席间酒水服务、结账服务及送客服务等；
3. 会根据客人需求推荐与介绍酒水；
4. 能正确对待客人的投诉，遇到紧急情况时，会根据安全预案做出处理；
5. 培养同学间良好的沟通与合作精神。

情境描述

　　大堂酒吧是高星级酒店里的一个酒吧，通常设在酒店大堂旁，环境优雅，酒水和饮品类型丰富，可提供各式饮品或下午茶服务。调酒师一般不直接接触客人，由酒吧服务员为客人提供迎宾、点选酒水、斟酒、结账等服务。调酒师要与酒吧服务员配合，根据酒吧服务员开出的酒单配酒以及提供各类饮品和小吃。

　　在下午三点，建国酒店的大堂酒吧迎来了不少客人，有等待入住的客人、有洽谈业务的客人、有享用下午茶的一家三口，其中还有外国宾客。请根据客人的类型，完成以下任务：

（1）分组设计一个大堂酒吧散客接待服务的情景；
（2）分角色完成大堂酒吧散客接待服务流程；
（3）灵活处理客人在酒吧消费过程中的突发事件。

学习活动一 酒吧如何为客人提供个性化服务

●学习目标

1. 懂得酒吧服务员和调酒师的日常工作内容和程序；
2. 懂得如何为客人提供特色的个性化服务；
3. 懂得灵活处理客人在店期间的突发事件；
4. 在工作中培养自身良好的调酒师职业行为和素质。

任务布置

（1）每5—6人组成一组，以小组为单位，各小组能分角色完成大堂酒吧散客接待服务流程。

（2）各小组能灵活处理客人用餐过程中的突发事件。

知识链接

在酒吧营业中的工作内容主要包括：迎宾服务、点酒服务、饮品制作服务、送酒服务、开瓶与斟酒服务、结账送客服务以及处理突发事件等。

一、迎宾服务

（1）服务员应保持身体直立与自然，准备迎接来酒吧的顾客。

（2）当客人光临吧台时，应在 1 分钟内笑面相迎，主动上前打招呼，友善地问候客人，使用敬语。如果顾客已到而桌子没有准备好，请顾客稍等，等桌子整理好再让顾客入座。如："Good evening, sir/madam. Welcome to our lobby bar. Would you like to have a seat at the smoking area or no smoking area?"

（3）告诉客人可以挑自己喜欢的位置，迎宾员应主动拉椅子请客人坐下。

（4）客人就座后热情地用双手递上干净的酒水牌，打开第一页并说："This is our drink list."让客人选择饮品。期间适当向客人介绍一些特别品种，做好推销工作，不厌其烦地向客人解答问题，并适时递上小食、纸巾。

二、点选酒水服务

（1）在客人就座后 3 分钟内礼貌地询问客人喝些什么。如："May I take your order now, sir/madam?"或"What would you like to drink, sir/madam?"

（2）呈递酒单时先要向客人问候，然后将酒单放在客人的右边。如果是单页酒单，应将酒单打开后递上；若是多页酒单，可合拢递上。

（3）待客人点了酒水饮品后，要问清楚客人是否有什么特别的要求，如加冰或净饮等。如："Would you like your Scotch straight up or on the rocks, sir/madam?" 或 "With ice or not, sir/madam?"

（4）问清楚客人后要牢记在心，尽量避免重复询问，但客人点完酒水后，一定要主动复述客人所点的酒水，以免发生错漏。期间要与客人保持眼神交流。

（5）如果有女士在场的话，应先请女士点酒水。

（6）如果客人的消费人数是两名或以上的话，服务员应在下酒水单时征询客人是否分单。如 "Would you like separate checks, sir/madam?" 或 "How would you like to have your bill, together or separately?"

（7）给客人开票时，站在客人右边记录，上身略前倾，保持适当的距离，手中拿笔和单据，不可把票簿和笔放在客台上书写。写完后，要把客人所点饮料、食品等重复一遍并表示感谢。

三、饮品制作服务

（1）正确地按客人要求所点饮品出品，保证质量。

（2）严格按照酒水部的操作规程调制饮品，并在 3 分钟之内出品给客人。

（3）出品前按规定检查杯具是否破损，是否干净无污渍。

四、送酒服务

（1）上酒水给客人时，应先摆杯垫纸，注意宾馆标志的正面对着客人；拿捏玻璃杯时尽量拿杯脚或杯子下部，放在杯垫纸上，并向客人报所点的饮品名并请客人慢用。如："Here's your drink, a Scotch on the rocks. Enjoy your drink, please." 或"请慢用，先生/女士。"

（2）罐装、瓶装饮品应主动为客人倒进杯子里。饮品在客人右手边，杯具在客人左手边；杯具在前，饮品在后，呈45°斜线摆放。

（3）在送酒服务过程中，服务员应注意轻拿轻放，手指不要触及杯口，处处显示礼貌卫生习惯。

五、服务过程

（1）要多留意客人的动态，随时为客人服务。客人每掐灭一个烟头都要更换烟灰缸；不时收撤空瓶、空罐、空杯子等杂物。在适当的时候或客人喝完饮品后两分钟内，主动热情询问客人是否需要添加酒水或其他饮品，如："Would you like one more, sir/madam?"

（2）当客人在谈话时，尽量不要打扰，与客人保持一定的距离。故意打听客人的谈话是不礼貌的做法。

（3）坚持做好微笑服务，态度亲切。当客人乐于与我们交谈，在情况允许下，应为客人提供良好的服务，尽力解答客人的问题，使客人能在酒吧度过一段愉快的时光。

（4）如客人需要暂时离开，应提醒带上随身物品或叫其朋友帮忙看管。如客人脱下外衣挂在椅后，则应为客人套上西装套。

六、结账

（1）客人提出结账要求后，必须在3分钟内为客人准备好账单。账单应清晰、正确地列出各项明细。如要分单的要分清楚，不要搞错。

（2）账单要用一个干净的账单夹夹好，并附上酒店专用笔，以备客人签单、签名。

（3）当客人要求结账时，将准备好的账单连账单夹打开，恭敬地递上："Here's your check/bill, sir/madam." 或"谢谢，一共是××元，先生/小姐。"报数时尽量避免太大声。

（4）当客人有疑问时，应及时向客人详细解释清楚，自己解决不了的问题应找领班或当值经理协助解决。

（5）收取客人现金应当面点清，并向客人报数，即时询问客人是否需要发票和是否有宾馆停车券。"Thank you so much, sir/madam. I'll be right back with your changes and receipt."

（6）结账后，将客人的账单、发票以及找回的零钱用账单夹夹好，呈给客人，并说："Here's your changes and your receipt. Thank you very much."

（7）当客人使用信用卡时，请客人用酒店专用笔在账单上签名，然后将账单和信用卡给收款员；收款员填写好签购单后，用账单夹夹好，呈给客人签名确认，再交给收款员查核信用卡；最后将客人的信用卡、签购单"持卡人存根"一联、账单及发票呈给客人，并向客人致谢。

（8）当客人签单入房账时，礼貌地请客人在账单上用正楷签名，写上房号，并请客人出示房间钥匙核对，如："Would you like to show me your room key please, sir/madam?" 酒吧员还需要把房间钥匙拿到收款员处拉卡，核实无误后，由收款员报账；最后把房卡交还客人并致谢。"Excuse me, sir/madam. Here is your room key. Your bill has been put on your room. Thank you very much." 或"您好，先生/小姐，这是您的房卡。您的账单已经挂在您的房间账单上了，非常感谢。"

七、送客

（1）热情地向客人致谢，感谢他们的光临："Thank you for your coming, hope to see you again. Goodbye！"

（2）当客人走后，立即清理吧台并检查是否有客人遗留物品；抹干净台面后，将吧凳复原，准备好迎接下一位客人。

【知识延伸】

★ （一）常见情景的酒吧服务用语
（1）假设你是一名酒吧员，用英文主动问候客人。

Bartender：	Good evening, sir.
酒吧员：	晚上好，先生。
Customer：	Good evening, I'll have a Scotch.
顾客：	晚上好，我要一杯苏格兰威士忌。

Bartender：	Yes,sir,straight or on the rocks?
酒吧员：	是的，先生，直饮还是加冰块？
Customer：	On the rocks,please.
顾客：	加冰块。

（2）假设你是酒吧服务员，用英文向客人推荐威士忌。

Bartender：	What would you prefer,sir?
酒吧员：	先生您需要什么？
Customer：	Whisky,please.
顾客：	威士忌。
Bartender：	Here is our drink list. We've got Scotch, Premium Scotch, Irish Whisky, Canadian Whisky and Japanese Whisky. Which one would you prefer?
酒吧员：	这是饮品单。我们有苏格兰威士忌、高级威士忌、爱尔兰威士忌、加拿大威士忌和日本威士忌。您想要哪一种？
Customer：	I prefer this one,Old Bushmills.
顾客：	这个，老磨坊。
Bartender：	Would you like it with or without ice?
酒吧员：	需要加冰吗？
Customer：	On the rocks,please.
顾客：	是的，要加冰。
Bartender：	Yes,one Old Bushmills on the rocks.
酒吧员：	好的，一份老磨坊加冰。
Customer：	Right.
顾客：	是的。

（3）假设你是酒吧服务员，用英文向客人介绍白兰地。

Bartender：	What would you like,sir?
酒吧员：	您想喝点儿什么，先生？
Customer：	Brandy. I always have it.
顾客：	白兰地，我不喝别的。
Bartender：	XO or VSOP? Here is the list.
酒吧员：	你要 XO 还是 VSOP？这是酒单。
Customer：	My favorite is Martell Cordon Blue.

顾客：	我要蓝带马爹利。
Bartender：	（Turn to another Guest.）What about you,sir? Something different?
酒吧员：	（转向另一位客人）这位先生，你要什么？
Customer 2：	Courvoisier XO.
顾客2：	拿破仑 XO。
Bartender：	Yes,One Martell Cordon Blue and one Courvoisier XO.
酒吧员：	好的，一杯蓝带马爹利，一杯拿破仑 XO。
Customer：	Ice,please.
顾客：	请加冰。
Customer2：	Me,too.
顾客 2：	我也是。
Bartender：	Both with ice.
酒吧员：	两杯都加冰。

（4）假设你是酒吧员，客人想要一杯啤酒，你如何用英语向他提供服务？

Customer：	Hi,I'd like to have a beer.
顾客：	您好，我想要一瓶啤酒。
Bartender：	Hi,good evening. Which kind of beer would you like?
酒吧员：	晚上好。您想要什么种类的啤酒？
Customer：	I'd like to try a local beer. What would you suggest?
顾客：	我想要本地啤酒，你有什么建议吗？
Bartender：	How about Yan Jing beer? It's very popular here.
酒吧员：	燕京啤酒怎么样？它在这里非常畅销。
Customer：	Sounds good,I'll take that.
顾客：	听起来不错，我就要它了。

（5）假设你是大堂吧服务员，遇到客人想要点咖啡，你如何用英语提供服务？

Bartender：	What would you like to drink,sir?
酒吧员：	您想要喝点什么，先生？
Customer：	Some coffee,please.
顾客：	要杯咖啡。
Bartender：	Would you like it with sugar?
酒吧员：	需要加糖吗？
Customer：	No,black. By the way,is there Chinese coffee?

顾客：	不要，要纯咖啡。顺便问一下，有中国咖啡吗？
Bartender：	We've got Hainan and Yunnan coffee. They're famous through out the world.
酒吧员：	我们有海南咖啡和云南咖啡。两者在国际市场上都很有名。
Customer：	Do Chinese people like coffee?
顾客：	中国人爱喝咖啡吗？
Bartender：	Not much. It's regarded as a foreign drink. We don't care for coffee but we can't stand it if there is no tea.
酒吧员：	不经常喝。咖啡被视为外来饮料，我们不在乎有没有咖啡，但没有茶却令人难以忍受。
Customer：	All right, I would like to taste Chinese coffee.
顾客：	好吧，我想品尝一下中国咖啡。

（6）假设你是酒吧员，遇到酒吧的老顾客到来，你如何用英文提供服务？

Bartender：	Glad to meet you again, Mr. Smith.
酒吧员：	欢迎再次光临，史密斯先生。
Customer：	Glad to meet you, too.
顾客：	见到你也很高兴。
Bartender：	How are you?
酒吧员：	您最近怎么样？
Customer：	Very well, thanks, and you?
顾客：	很好，谢谢，你呢？
Bartender：	Me too, thank you. Enjoy yourself today?
酒吧员：	我也很好，谢谢。今天您一个人吗？
Customer：	Right.
顾客：	是的。
Bartender：	Would you like your usual table?
酒吧员：	还坐老地方？
Customer：	Yes.
顾客：	是的。
Bartender：	This way, please.
酒吧员：	这边请。

（二）常见服务用句

（1）We have a bottle of wine that has been preserved for twenty years.

我们有一瓶保存了 20 年的酒。

（2）I don't like alcohol. It makes my face turn red.

我不喜欢喝酒，我的脸很容易红。

（3）Straight up, sir?

直饮（纯饮）对吗，先生？

（4）I'll return to take your order in a while.

等一会儿我会回来为您点单。

（5）What would you like to drink after dinner, coffee or tea?

晚饭后您想喝什么，咖啡还是茶？

（6）The base of Old Fashioned cocktail is whisky.

古典鸡尾酒的基酒是威士忌。

（7）Would you like to have cocktail or whisky on the rocks?

您要鸡尾酒还是要威士忌加冰？

（8）Thank you, we don't accept tips.

谢谢，我们不收小费。

（9）It is no sugar in the coffee.

咖啡里没有糖。

（10）Please bring me a pot of hot coffee.

请给我一壶热咖啡。

（11）I'd like to see your manager.

我要见你们经理。

（12）Please give me another drink.

请给我另一份饮料。

（13）Have a nice trip home.

旅途愉快。

（14）The bar is full now. Do you care to wait for about 20 minutes?

酒吧现在客满，请稍等约 20 分钟好吗？

（15）Would you mind if I smoke?

你不介意我抽烟吧？

（16）We serve many kinds of drinks. Please help yourself.

我们供应很多种饮料。请随意。

（17）How much do all these come to?

这些共计多少钱？

（18）Have you anything in mind as to what to drink or may I make a few suggestions?

您想喝什么，要不要我给您提点建议？

（19）Would you like a drink before your meal?

您在餐前需要喝点什么饮料吗？

（20）What would you care for, black tea or green tea?

您要红茶还是绿茶？

（21）Do you like your tea strong or weak? With milk and sugar?

您的茶是喜欢浓一点的还是淡一点的？要奶和糖吗？

（22）Black coffee or white coffee, sir?

先生，您要纯咖啡还是加奶的咖啡？

（23）Sorry, we only have canned mango juice. Would you like apple juice instead? It's fresh.

很抱歉，我们只有罐装的芒果汁。您愿意要苹果汁吗？那是鲜榨的。

（24）Would you like to see the wine list?

您要看看我们的酒水牌吗？

（25）Would you like a glass of wine to go with your meal?

您点的菜肴跟一杯葡萄酒吗？

（26）Sorry, this wine is only sold by glass.

对不起，这种葡萄酒只能以杯为单位来出售。

（27）Sorry, this wine is only sold by bottle.（We only serve wine by the bottle.）

很抱歉，这种葡萄酒只能整瓶出售。

（28）Which brand of beer/whisky would you prefer?

您愿意要什么牌子的啤酒/威士忌？

（29）Would you like your beer draught or bottled? With or without ice, please?

请问您的啤酒愿意要瓶装的还是散装的？要不要加冰？

（30）What brand of beer would you like, sir?

您喜欢哪个牌子的啤酒，先生？

（31）What about Maotai, sir? It's one of the most famous wines in China. It never goes to the head.

来点茅台酒好吗，先生？这是中国最有名的酒之一，而且不会上头。

（32）Your beer, sir. Please enjoy your drink.

您的啤酒，先生，祝您喝得高兴。

（33）Do you have any local wine?

有本地的葡萄酒吗？

（34）May I see the wine list?

请把酒水单给我看好吗？

（35）I'll have a shot of whisky.

我要一杯威士忌酒。

（36）A martini, extra dry, please.

请来杯超干马丁尼酒。

（37）A Tom Collins, please.

请给我来一杯汤姆柯林斯鸡尾酒。

（38）Do you have something soft?

你们有什么饮料？

★ （三）酒吧专业名词

1. 酒 Wine

Aperitifs 餐前酒	Cocktails 鸡尾酒
Sherries 雪利酒	Champagne 香槟酒
Liqueurs 甜酒	Gin 金酒
Brandy 白兰地	Rum 朗姆酒
Bacardi 百家得	Vodka 伏特加
Smirnoff 皇冠	Whisky 威士忌
Calvados 苹果酒	Glenfiddich 格兰菲迪
Beileys 百利甜酒	Budweiser 百威啤酒
Beck's 贝克啤酒	Carlsberg 加士伯啤酒
Guinness 健力士啤酒	

2. 常用饮料 Beverages concerned

Freshly brewed coffee 新鲜咖啡	Tea（pot of）茶
Lemon tea 柠檬茶	Hot chocolate 热巧克力
Fresh milk 鲜牛奶（热或冷）	Chinese tea 中国茶
Black coffee 黑咖啡	Cappuccino 巧克力粉和奶咖啡
Fresh orange juice 新鲜橙汁	Orange juice 橙汁

Lemon juice 柠檬汁   Pineapple juice 菠萝汁

Apple juice 苹果汁   Grape juice 葡萄汁

coke, coca cola 可口可乐   Pepsi cola 百事可乐

Sprite 雪碧   distilled water 蒸馏水

mineral water 矿泉水   local mineral water 当地矿泉水

French mineral water 法国矿泉水   Perrier 毕雷矿泉水

3．水果和装饰物名称

cherry 樱桃   lemon 柠檬

clove 丁香   pineapple 菠萝

onion 洋葱   strawberry 草莓

olive 橄榄   cucumber 黄瓜

mint 薄荷   grapefruit 西柚

4．含酒精的饮料 alcoholic drinks

Remy Martin Louis XIII   人头马路易十三

Club de Remy Martin   特级人头马

Martell Cordon Blue   蓝带马爹利

Cognac X. O.   特醇干邑白兰地

Hennessy Paradis   轩尼诗杯莫停

Dynasty   王朝葡萄酒

Great Wall white wine   长城白葡萄酒

House wine   宾馆特选葡萄酒

beer   啤酒

draught beer   生啤

Pearl River   珠江

Tsingdao   青岛

Blue Ribbon   蓝带

Heineken   喜力

San Miguel   生力

Carlsberg   嘉士力

5．酒水用具

coffee cup 咖啡杯   coffee saucer 咖啡垫碟

coffee spoon 咖啡匙   coffee pot 咖啡壶

coffee warmer 咖啡炉   tea cup 茶杯

tea saucer 茶垫碟   tae spoon 茶匙

tea pot 茶壶   creamer 奶勺

juice glass 果汁杯   beer glass 啤酒杯

八、收拾吧台

（1）当客人结账离去后，应马上检查是否有遗留物品；

（2）应及时清理吧台；

（3）清理吧台时必须使用托盘。

九、酒水推销技巧

在酒吧服务的过程中，服务员不仅仅是一名迎宾员，同时也是一名兼职推销员。

（一）推介酒水

（1）先推介高价位酒水后再推介中低价酒水（可根据房型、客人类型）；

（2）男士推介洋酒、红酒或啤酒，女士推介饮料、雪糕等。

（二）语言技巧

1．初次落单前推销（采用二择一方法）

如"先生/小姐（或老板），晚上好！请问您需要喝点什么，是洋酒还是红酒？""请问您喜欢喝白兰地还是威士忌？"需注意以下细节：

（1）观察客人的反应，若客人反应明确，就征询点选数量，若客人犹豫不定时，则要帮客人拿主意，主动引导客人。

（2）不可忽视女性客人，对她们应热情，并主动介绍。

（3）重复客人所点的出品，以免出错，例："先生/小姐，您点的有×××，对吗？请稍等，我会马上为您送上。"

（4）酒水确定后，需要进一步推销，介绍一些厨部小食，采用征询的语气："先生/小姐，需不需要来点送酒小食？""××味道不错，是我们酒吧的特色小食，想不想试试？"

2．中途推销注意细节

（1）在酒水余下不多时（不要等到喝完），再一次询问客人："先生/小姐，需不需要再来支××酒或多拿半打（一打）××啤酒？"

（2）留意时间，若差不多喝完，同样实行第二次推销；

（3）对特殊客人进行特殊介绍，例如：

女性客人：椰子汁、橙汁、鲜奶、雪糕等；

醉酒或喝酒过量的客人：参茶、蜂蜜水、热鲜奶等；

十、服务操作技巧

1．给客人点烟技巧

（1）每位员工必须佩带打火机，并将火焰调至中火。

（2）当客人拿烟时，必须做到"烟起火机到"，让客人享受一流的服务。

（3）点烟时，右手拿打火机打出火焰，左手五指并拢，手指自然微弯，护住火焰的外部，距离客人的香烟头约2厘米，让客人自己靠近火源点烟，以防造成意外。

2．更换烟缸技巧

（1）顾客台面的烟缸内有烟灰或烟头就要将干净、无破损的烟缸放入托盘中准备为客人更换。

（2）站在客人的右侧示意客人，说："对不起，打扰一下。"

（3）大水晶烟缸直接用干净的纸巾盖住，绕过食品后倒入垃圾桶，擦干净后，再绕过食品放回原位。

（4）在更换烟缸的过程中，如果有正在燃烧的烟头，必须征询客人的意见，是否可以撤换。（注：烟缸内有一小节雪茄，必须征询客人是否需要。）

（5）不要用手去拾掉落的烟头，如必须，应立即洗手。

（6）客人桌上烟缸内烟头不得超过 3 个。

（7）左手托住托盘，右手从托盘中取出一个干净的烟缸，盖住台面上烟缸，用手指压住上面的烟缸，再用拇指和中指夹住下面的脏烟缸，拿起来放入托盘中，再将干净的烟缸放在桌上。

十一、酒吧营业中常见问题的处理

（一）设备的突发事件

餐厅开餐期间，设备应能正常运转，但是有时因为种种原因出现了问题，餐厅服务人员有责任及时处理。

1. 停电突发事件

（1）开餐期间如遇到停电时，服务人员要保持镇静，首先要设法稳定客人的情绪，请客人不必惊慌，然后立即开启应急灯，或是为客人餐桌点燃备用蜡烛。

（2）说服客人不要离开自己的座位，并继续用餐。

（3）马上与有关部门取得联系，搞清楚断电的原因，如果是餐厅供电设备出现了问题，就立即要求派人前来检查修理，以在尽可能短的时间内恢复正常供电。

（4）如果是地区停电，或是其他原因一时不能解决的问题，应采取相应的对策。

（5）对在餐厅用餐的客人要继续提供服务，并向客人表示歉意。

（6）在停电时暂不接待新来的客人。

（7）餐厅里的备用蜡烛，应该放在固定的位置，以方便取用。

（8）平时应该定期检查插头、开关、灯泡等是否能正常工作。

2. 失火突发事件

酒吧开餐期间，如遇到失火的突发事件时，应做到以下几点：

（1）服务人员要保持镇静，根据情况采取相应措施。

（2）应立即电话通知本饭店的保卫部门，或直接与消防部门联系，要争取时间。

（3）要及时疏散客人远离失火现场，疏导客人离开时要沉着冷静。

（4）对有些行动不便的客人，要立即给予帮助，保证客人的生命和财产安全。

（5）服务人员要做一些力所能及的灭火和抢救工作，把损失降低到最低限度。

（二）酒水洒在客人身上

酒水洒在客人身上往往是由于服务人员操作不小心或违反操作规程所致。在处理这种事件时有以下几种方法：

（1）由酒吧的主管人员出面，诚恳地向客人表示歉意。

（2）及时用毛巾为客人擦拭衣服，应注意：

①要先征得客人同意。

②女客人应由女服务员为其擦拭。

③动作要轻重适宜。

（3）根据客人的态度和衣服被弄脏的程度，主动向客人提出免费洗涤的建议，洗涤后的衣服要及时送还客人并再次道歉。

（4）有时衣服被弄脏的程度较轻，经擦拭后已基本干净，酒吧主管应为客人免费提供一些食品或饮料，以示对客人的补偿。

在处理此类事件的过程中，酒吧主管人员不要当着客人的面批评指责服务人员，内部的问题放在事后处理。

有时因为客人的粗心，使其衣服上洒了酒水，服务人员也要迅速到场处理：

（1）主动为客人擦拭。

（2）安慰客人。

（3）若酒水洒在客人的吧台或布台上，服务人员要迅速清理干净，用餐巾垫在台布上。

（三）客人在进餐过程中损坏餐具的突发事件的处理

绝大多数客人在酒吧损坏餐具或用具是不小心所致。对待此种情况，餐厅服务人员应注意：

（1）收拾干净破损的餐具或用具。

（2）服务人员要对客人的失误表示同情，不要指责或批评客人使其难堪。

（3）要视情况，根据酒吧有关财产的规定决定是否需要赔偿。如是一般的消耗性物品，可告诉客人不需要赔偿；如是有必要赔偿的较高档餐、用具，服务人员要以合适的方式告知客人，然后在收款时一起收齐即可，但要讲明具体赔偿金额，开出正式的收据。

（四）调酒师如遇到自己不会做的鸡尾酒应如何处理

在调酒服务中，因各国客人的口味及饮用方法不尽相同，会提出一些特殊要求与特别配方，调酒师甚至酒吧经理也不一定会做。在这种情况下可以请教客人怎么调制，这样做既可以使客人满意，又可以使自己增长知识，切忌回答客人"不会做"或胡乱调制。

（五）两桌客人同时需要服务怎么办

酒吧服务既要热情、迅速、周到，又要忙而不乱，更要面面俱到。要做到一招呼、二示意、三服务：给等待的客人以热情、愉快的微笑，说一句："请稍等，我马上就来。"忙完一桌客人后，给刚才等候的客人亲切地送上一句："对不起，让您久等了。"

（六）如何服务喝醉酒的客人

服务人员先要确定该客人是否已经喝醉，然后决定是否继续供应含酒精饮料，同时要上点清口、醒酒的食品或饮品。如果客人呕吐或带来其他麻烦，服务人员要及时送上漱口水、湿毛巾等，并迅速地清理污物，不可表示出厌恶的情绪。如有损坏餐厅物品时，应对同桌的清醒者委婉地讲明赔偿事项。

（七）一壶饮品两位客人共同喝需要加收费用吗

酒吧每款饮品的销售通常只针对一位客人饮用。如果有两位客人同时在酒吧消费，其中一位点选一壶饮品，而同桌的另一位客人要求服务人员增加一个杯具共同饮用该饮品的时候，服务人员此时必须告知客人收费标准，该费用或者是酒吧的最低消费额或者是该款饮品的同等价钱，以免结账时引发误会。

任务准备

一、团队组建

本情景内容的学习采取小组学习的方式进行，请在规定时间（10分钟）内自行组建学习小组（每组人数视班级情况自定），5—8人为一组，教师根据学生特质作适当调配。

班名		组别	
组长		组长电话	
组员姓名			

二、物品和场地准备

1. 场地

模拟酒吧。

2. 物品

（1）吧台设备：三格洗涤槽、杯架、后吧储酒柜；

（2）桌椅家具：吧凳、小圆吧桌、沙发；

（3）电器设备：制冰机、冰箱、搅拌机、榨汁机、咖啡机、研磨机、消毒柜、空调设备、音响设备、收银设备；

（4）调酒用具：摇酒壶、量杯、滤冰器、吧匙、搅棒、吸管、配料盒、纸巾等物品；

（5）餐巾布件：桌布、餐巾等；

（6）杯具：鸡尾酒杯、香槟杯、葡萄酒杯、古典杯、啤酒杯等多款杯型；

（7）各种类型酒瓶：各类烈酒、配制酒的酒瓶、啤酒瓶；

（8）其他物品：烟灰缸若干、打火机、托盘、酒水单、小食碟、账单夹、房卡、信用卡、账单等；

（9）各小组自备处理突发事件所需的道具物品。

任务实施

一、制定实施方案

认真分析任务，并确定好任务实施方案或工作流程。

（1）_____

（2）_____

（3）_____

（4）_____

（5）_____

（6）_____

（7）_____

二、确定人员分工

任务实施过程中要明确分工任务，组长要调动组员充分表达不同意见，形成职责清晰的任务分工。

建议角色分配有：A. 酒吧迎宾员兼酒吧服务员　　　B. 调酒师

C. 酒吧主管　　　D. 收银员

E. 客人（2—4 人）

组员姓名	任务分工

三、过程监督

请各组成员在任务实施过程中做好过程记录，组长负责进行监督，全组共同完成进度监督表。

工作阶段	时间	工作内容	检查情况记录（优缺点）	改善措施以及建议

四、各组成员记录任务实施过程中的困难及收获

困难：_____

_____

小组成员想到的解决方法：_____

_____

本次活动的收获：_____

_____

五、成果展示

（1）小组设计个性化服务情景，并能分角色展示大堂酒吧如何为散客提供个性化服务。

（2）各小组能展示向客人推销酒水的过程。

（3）各小组能展示如何处理酒吧经营中的突发事故。

六、班内汇报

汇报内容包括：对本次任务完成情况的介绍、任务实施过程中遇到的困难和解决的方法、对所搜集及观察到的内容的解说等。小组互相点评，并对同学的汇报情况做好记录。

组别	汇报情况（包括任务完成情况介绍、过程处理等方面）

✅评价反馈

以小组为单位，结合表中标准，围绕自己在活动中的表现，进行客观评价。评分表建议参考如下：

评分表1　个人推销任务评分表

学习内容			评　价	
	学习目标	评价项目	小组评价	教师评价
通用能力	语言能力	表达准确，不产生歧义		
	礼仪礼节	仪容仪表得体、符合标准		
	协作能力	与本组成员间的协调合作		
	专业能力	能紧密结合本学习情境，体现专业知识		
	创新能力	在拟订接待方案时，有自己独特的意见与见解		

评分表2　酒吧个性化服务评分表

序号	项　　目	应得分	扣分	实得分
1	开吧前准备	10		
2	迎宾引座服务	10		
3	推销点酒服务	10		
4	送酒水服务	10		
5	点烟、换烟缸服务	10		
6	结账服务	10		
7	礼送客人	10		
8	突发事故处理	10		
9	收台清扫	10		
10	工作态度与出勤	10		
	合　　计	100		
	小组建议			
	教师建议			

思考与练习

（1）练习服务用语，尤其是英语对答。

（2）练习向宾客推销酒水技巧。

（3）练习酒水端托、送酒技能。

（4）练习换烟缸技能。

（5）收集各种酒吧突发事故案例和处理办法。

（6）思考酒吧服务员和调酒师的对客服务礼仪。

学习活动二　为宾客提供各式酒水饮品服务

● 学习目标

1. 能制作鲜榨果汁饮品；
2. 能辨别世界著名的啤酒，并提供啤酒出品服务；
3. 会品鉴著名的品牌洋酒，并能正确选择各种载杯进行服务；
4. 能讲评葡萄酒的种类，并能为客人提供葡萄酒服务；
5. 能按调酒程序正确调制经典鸡尾酒品；
6. 能制作单品咖啡和意式咖啡；
7. 能自创特色饮品。

任务布置

1. 每5—6人组成一组，以小组为单位，各小组能分角色完成大堂酒吧散客接待服务流程。
2. 各小组能根据宾客需求制作饮品，并能展示完整的工作流程。

知识链接

在本学习活动里，调酒师需要根据学习活动一里客人所点选的酒水饮品进行操作和出品，大堂酒吧的酒水丰富、饮品类型也多样，调酒师需要掌握相关的酒水知识和操作技能才能完成任务，大堂酒吧的酒水饮品类型将会涉及各种蒸馏酒、啤酒、葡萄酒、鸡尾酒，以及无酒精饮料如果汁饮品、汽水饮品、咖啡饮品等。

一、各种蒸馏酒服务

蒸馏酒又称烈性酒，是以糖类、淀粉、发酵酒为原料，通过蒸馏的方法获得的一种酒精度数较高的酒。由于蒸馏酒的原料不同、工艺不同，从而产生了不同的种类。最著名的蒸馏酒有白兰地酒（Brandy）、威士忌酒（Whisky）、金酒（Gin）、朗姆酒（Rum）、伏特加酒（Vodka）、特基拉酒（Tequila）和中国白酒。酒吧主要销售洋酒蒸馏酒，也经常用作鸡尾酒的基酒。它们的区别情况如表2－1：

表2－1　世界主要蒸馏酒种类、原料、酒精度和生产国

蒸馏酒种类	主要原料	主要生产国
白兰地酒（Brandy）	葡萄	法国、意大利
威士忌酒（Whisky）	麦芽、玉米	英国、爱尔兰、美国、加拿大、日本
金酒（Gin）	麦芽、玉米、杜松子	荷兰、英国、美国
朗姆酒（Rum）	蔗糖°	古巴、牙买加、南美各国
伏特加酒（Vodka）	麦芽、玉米	俄罗斯、波兰、美国
特基拉酒（Tequila）	龙舌兰	墨西哥
中国白酒	高粱、麦类、玉米、大米	中国

（一）白兰地酒（以法国白兰地为代表）

"白兰地"是英语brandy的音译。白兰地酒是以葡萄为原料，经发酵、蒸馏制成的烈性酒。白兰地酒为褐色，酒精度在40°—48°。白兰地以法国所产的最负盛名。干邑白兰地（Cognac Brandy）被公认为全世界最好的白兰地。早在公元1909年，法国对于白兰地的生产区域、葡萄品种和蒸馏法就有了严格的规定，只有在Charente河边的康涅克镇所产的白兰地酒，才可冠上"干邑"的名称。

1. 干邑白兰地的等级

干邑白兰地都是由不同酒龄、不同葡萄品种和不同区域的多种白兰地混合勾兑而成。20世纪70年代，人们开始使用字母组合来精确地标示不同的酒质：E代表Especial（特别的），F代表Fine（好的），O代表Old（老的），S代表Superior（上好的），P代表Pale（淡的），X代表Extra（格外的），C代表Cognac（干邑）。

（1）普通干邑白兰地：VS或三星（＊＊＊），表示储藏期不少于3年。

（2）中档干邑白兰地：V. S. O. P，意思是Very Superior Old Pale，表示储藏期不少于4

年。然而，许多酿造厂商在装瓶勾兑时，为提高酒的品质，适当加入了一定成分的10～15年的陈酿干邑白兰地原酒。

（3）精品干邑白兰地：有 FOV（Fine Old Very）、Napoleon（拿破仑）、XO（Extra Old，特陈）、Xertra（极品）等，表示储藏期不少于 5 年。但著名酒商往往会对自己的白兰地提出更高的要求。那些酿藏时间大于 20 年的称顶级（Paradise）或称路易十三（Louis XIII）。需要说明的是，在这里，"拿破仑"是一种酒质等级的标志，与酒厂用来作为品牌的"拿破仑"不是一个概念，对此要注意区分。

2. 著名品牌的白兰地

常见的品牌有轩尼诗（图 2 - 1、图 2 - 4）、人头马（图 2 - 2、图 2 - 5）、马爹利（图 2 - 3、图 2 - 6）。

图 2 - 1　轩尼诗 XO	图 2 - 2　人头马 XO	图 2 - 3　马爹利 XO

图 2 - 4　轩尼诗 V. S. O. P	图 2 - 5　人头马 V. S. O. P	图 2 - 6　马爹利 V. S. O. P

3. 白兰地酒的服务

饮用白兰地通常使用白兰地杯或郁金香形杯。平时喝白兰地，用球形白兰地杯。白兰地酒杯是为了充分享用白兰地而特别设计的，"闻"是享受的主要部分，其酒杯窄口的设计是让酒的香味尽量长时间地留在杯内；白兰地的酒精含量在40%左右，散发较慢，用大肚杯时人手的温度可促使酒香散发。为了充分享受这种香味，饮时手掌托杯，使杯内酒液稍稍加温，易于香气散发，同时晃动酒杯，以扩大酒与空气的接触面，增加酒味的散发。

英国人喝白兰地喜欢加水，中国人多喜欢加冰，不过那只是喝一般的白兰地。对于陈年上佳的干邑白兰地来说，加水、加冰是浪费了几十年的陈化时间，使白兰地丢失了香甜浓醇的味道。享用白兰地的最好办法是不加任何东西，越是高档的白兰地越是如此，这样才能品尝出白兰地的醇香。白兰地主要作为餐后酒。常见的饮用方法有：

（1）净饮：用白兰地杯，将白兰地按分量直接倒入杯中即可。

（2）加冰：用洛克杯，把冰块放入杯内，然后将白兰地按分量直接倒入杯中即可。

（3）混合饮用：调制鸡尾酒，如"白兰地亚历山大"等。

（二）威士忌酒

威士忌酒是以谷物为原料，经过蒸馏制成的烈性酒。颜色为褐色，酒精度常在38°～48°，最高可达66°。由于所用谷物、水质和蒸馏方法的不同，所以在口味和颜色上有所差异。通常，威士忌在装瓶后都要在酒瓶的酒标上注明该酒的储存年限。

1. 威士忌酒的分类

（1）按所用原料不同分类。按所用原料不同，威士忌可分为纯麦威士忌和谷物威士忌。

（2）按产地不同分类。按产地不同，威士忌可分为苏格兰威士忌、爱尔兰威士忌、加拿大威士忌和美国威士忌。

2. 威士忌代表品牌（以苏格兰威士忌为代表）

（1）百龄坛（Ballantine）（见图2－7）。该酿酒公司创建于1876年，由乔治·百龄建立。该酒是以自己拥有的8种蒸馏威士忌为主要原料，再掺兑42种威士忌调配制成的混合（调配）威士忌。其产品Finest和Golden Seal属于中档酒；12年酒和17年酒属于高档酒；30年酒则是用了陈酿30年以上的威士忌调配而成，是不可多得的百龄坛威士忌，其酒精度为43°。

（2）芝华士（Chivas Regal）（见图2－8）。芝华士威士忌酒厂已经有210年的历史了。"Regal"为国王的意思。1843年，该酒得到了维多利亚女王的御用，随后的100多年里，芝华士人不断进取，并于1953年推出了芝华士极品——皇家礼炮21年。它口感圆润顺畅，得到了世界各地威士忌爱好者的认可。

（3）约翰·渥克（Johnnie Walker）。该品牌以创始人的名字而得名，多年来威士忌销量居苏格兰本地第一，居世界第三。人们常见并认可的是红方（Red Label）（见图2-9）、黑方（Black Label）（见图2-10）。红方稍带辣味，但很顺口；黑方是麦芽含量较高的威士忌酒，在严格控制的酒库中储藏至少12年，其质量高于红方。

图2-7　百龄坛

图2-8　芝华士

图2-9　红方

图2-10　黑方

3. 威士忌酒的饮用方法

（1）净饮（纯饮）：将1oz（约28 mL）的威士忌酒倒入烈酒杯或古典杯中，不加任何其他酒水直接饮用。

（2）加冰饮用：将1oz（约28 mL）的威士忌酒倒入古典杯中，加入3—5块冰饮用。

（3）混合饮用：除纯饮之外，苏格兰威士忌、爱尔兰威士忌、美国威士忌、加拿大威士忌等也可加冰、加水、加可乐、加七喜饮用。在法国，人们往往什么都不加，喜欢威士忌原本的浓香醇厚；美国人则会先放大量冰块，然后倒少量威士忌，琥珀色的液体流过冰块冒着冷气；而有些人分得非常细致，比如喝芝华士 12 的时候就加一些碎冰，而喝芝华士 18 则会兑水。

（4）制作鸡尾酒：可以制作各种鸡尾酒，如威士忌酸（Whisky Sour）、曼哈顿（Manhattan）等。

【知识延伸】——什么是双份威士忌？

"Ordered a double whisky"，客人要一杯双分量威士忌的时候，选用洛克杯，使用量酒器按一杯威士忌标准量的两倍量入杯中即可。如客人说"Double Scotch on the rock"，即双份苏格兰威士忌加冰饮用。

（三）金酒

金酒（Gin）起源于荷兰，在以前是一种具有强烈杜松子味道的药酒。在 17 世纪，一名荷兰医生为了医疗目的，研究发现杜松莓（Juniper Berry）油里含有一种成分可以利尿、解热，于是将其加上酒精一起蒸馏，作为利尿、解热的药品在药店销售。英国军官常喝 Gin Tonic 来预防疟疾，并以马丁尼（Martini）作为开胃酒；荷兰称其为 Genivre，为杜松子之意；法国称为 Juniper，英文则缩短成 Gin。金酒又称"杜松子酒"，是以谷物（玉米、大麦、裸麦等）为主要原料，酿造出酒精浓度较高的中性烈酒，再加进杜松子及其他香料做第二次蒸馏，是一种无色但具有特殊香味的烈酒。金酒有"鸡尾酒心脏"的美称，是鸡尾酒调制应用最多的基酒。

1. 金酒的分类

金酒分为荷兰金酒和伦敦式干金酒两大类，前者产于荷兰，后者则是所有清淡型金酒的代名词。

（1）荷兰金酒又被称为 Jenever，因其药味重，所以只适合净饮，不宜调制鸡尾酒。

（2）伦敦式干金酒（London Dry Gin）在酒类市场上最常见到，酒液无色透明，味道清淡，既可以净饮，又可以调酒使用。（图 2 - 11 至图 2 - 14 均是此类金酒）

2. 伦敦式干金酒的代表品牌

（1）哥顿（Gordon's）。哥顿金酒（见图 2 - 11）又称狗头金酒，产于英国，以酒厂名命名。该酒厂创建于 1769 年。该酒的酒精度为 47.3°，主要原料是胡椒和柑橘皮。

（2）必富达（Beefeater）。必富达金酒（见图 2 - 12）又称御林军金酒，产于英国杰姆斯·巴沃公司。该公司创建于 1820 年。该酒的酒精度为 47°，Beefeater 的原意是"驻守伦敦塔的卫兵"。著名的鸡尾酒"新加坡司令"就是 1915 年在新加坡的拉菲尔兹饭店中以该酒为基酒调制而成的。

图 2-11　哥顿金酒

图 2-12　必富达金酒

图 2-13　孟买金酒

图 2-14　添加利金酒

3．金酒的饮用方法

（1）净饮：将金酒放入洛克酒杯或古典杯中，饮用标准分量为 25mL。

（2）加冰饮用：将金酒放入古典杯中加冰饮用。

（3）混合饮用：可与冰镇的汤力水、苏打水等混合加冰饮用。

（4）制作鸡尾酒：可配以其他烈性酒或各种汁类饮料制成鸡尾酒。

（四）朗姆酒

朗姆酒以甘蔗或蜜糖为原料，经发酵、蒸馏制成。朗姆酒是 Rum 的音译。酒精度数是 40°—60°，朗姆酒常作为餐后酒饮用。

1．朗姆酒的分类

朗姆酒普遍按颜色分类，主要有深褐色、金黄色和无色三个品种。另外，还可按口味分类，主要有清淡型和浓烈型两种，清淡型朗姆酒主要产自波多黎各和古巴，浓烈型朗姆酒以牙买加出产的为代表。

2．朗姆酒的代表品牌

（1）百家得（Bacardi）。（图2－15和2－16）

（2）美雅士（Myers's）。（图2－17）

（3）摩根船长（Captain Morgan Original Spiced）。（图2－18）

图2－15　白百家得

图2－16　金百家得

图2－17　美雅士

图2－18　摩根船长

3．朗姆酒的饮用

（1）净饮：朗姆酒属于烈性酒，可以使用古典杯直接饮用，饮用标准分量为40mL。

（2）混合饮用：朗姆酒饮用时还可以加冰、加水、加可乐和热水。据说用热水和黑色朗姆酒兑在一起，便是冬天治感冒的特效偏方。

（3）制作鸡尾酒：朗姆酒最常见的饮用方式还是调成鸡尾酒来饮用。例如，百加得朗姆酒的甘醇口感使它与任何饮品调和，都会有绝佳口味。因为通过和其他饮料的勾兑，朗姆酒会变得清爽、润滑，让人清醒。

（五）伏特加酒

伏特加酒由英语 Vodka 音译而成。它是以玉米、小麦、稞麦、大麦及马铃薯等为原料，经发酵、蒸馏、过滤制成的高纯度烈性酒。该酒的酒精度为35°—50°，以40°的伏特加酒销量最高。伏特加酒以无色、无杂味、无臭、不甜、不酸、不涩而著名。著名的伏特加酒生产国有俄罗斯、波兰、美国、德国、芬兰、乌克兰和英国等。

1. 伏特加的分类

目前市场上有两大类，一类是无色无味的原味伏特加，一类是加入各种香料的调香伏特加。调香的伏特加越来越受欢迎，常见的香型有红梅味、梨子味、蜜桃味、芒果味、柠檬味等。

2. 常见的伏特加品牌

（1）皇冠伏特加（Smirnoff）。（图 2-19）

（2）莫斯科红牌、绿牌（Moskovskaya）。（图 2-20）

（3）绝对伏特加（Absolut Vodka）。（图 2-21）

图 2-19　皇冠伏特加	图 2-20　红牌伏特加	图 2-21　绝对伏特加

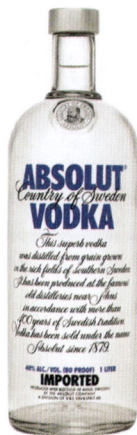

3. 伏特加的饮用

（1）净饮：伏特加可作佐餐酒或餐后酒，常使用洛克杯以常温服用，快饮（干杯）是其主要的饮用方式。许多人喜欢冰镇后干饮，仿佛冰融化于口中，进而转化成一股火焰般的清热，饮用标准分量为40mL。

（2）调制鸡尾酒：伏特加无色无味，清澈如水，适合作鸡尾酒的基酒，调制各种鸡尾酒，其中比较著名的鸡尾酒有黑俄罗斯（Black Russian）、螺丝钻（Screw Driver）、血腥玛丽（Bloody Mary）等。

（六）特基拉酒

特基拉酒（Tequila）以墨西哥著名植物——龙舌兰（Agave）的根茎为原料，经过发酵、蒸馏制成，带有龙舌兰的芳香。特基拉酒的酒精度为38°—44°。该酒以生产地——墨西哥第二大城市格达拉哈拉附近的小镇——特基拉（Tequila）命名。欧美人饮用特基拉酒的习惯有纯饮、加冰块饮用、与汽水或果汁一起饮用等几种方式。纯饮时，将切好的两小块柠檬放在小盘中，在另一个小盘中放少许盐粉，用柠檬蘸盐，用手挤几滴酸咸汁在口中，然后再饮用特基拉酒。特基拉酒还可作为鸡尾酒的基酒。

1. 常用特基拉品牌

（1）白金武士（Conquistador Silver）。（图2-22）

（2）索查（Sauza）。（图2-23）

图2-22　白金武士　　　　　　　图2-23　索查

2. 特基拉酒的饮用

（1）加冰饮用：将1oz（约28mL）的特基拉酒放入古典杯中，加入3块冰、1片鲜柠檬，再捻一小撮儿盐放到酒液中，搅拌均匀后饮用。饮用标准分量为40mL。

（2）混合饮用：可与菠萝汁、橙汁或雪碧混合在一起，经搅拌饮用。

（3）制作鸡尾酒：如玛格丽特、特基拉日出等。

（4）最富激情的饮用（特基拉碰，Tequila Pop）：

第一步：将其中一只手的虎口处用鲜柠檬汁均匀擦拭，在擦拭部位撒上一小撮儿盐。

第二步：将 1oz（约 28mL）特基拉酒倒入古典杯。

第三步：准备 1 个杯垫、1 听雪碧、1 片鲜柠檬片和 1 块厚的棉布。

第四步：将雪碧注入古典杯中至 7 成满。

第五步：用杯垫盖住古典杯，手紧握杯子，用力往棉布上砸 3 下，砸出泡沫。

第六步：在泡沫消失前迅速将其喝下。

第七步：将手虎口的盐吸食掉，再把事先已准备好的柠檬片也一并吃下。

★零杯蒸馏酒出品服务的注意事项

（1）根据蒸馏酒的类型选择合适的酒杯，酒杯应干净、无水迹、无破损。

（2）询问客人的饮用方式：净饮、加冰、兑水或混合软饮料。

（3）当客人点选特基拉、朗姆酒、伏特加和金酒时，根据客人的饮用方式询问客人是否需要添加柠檬、青柠檬等。

（4）必须在客人面前用量酒器量入酒水。

（5）配送小食（花生、青豆仁等）。

【做一做，练一练】

（1）结合学习情境二的学习活动一内容，完成对客人进行蒸馏酒的推销工作。

（2）展示对客人提供其中一种蒸馏酒的服务工作流程。

（3）活动评价意见表可参考如下：

序号	项目	应得分	扣分	实得分
1	推销语言正确、表达清晰、表情自然	20		
2	选用酒水杯具正确	20		
3	持瓶和持杯的姿势正确、端托技能好	20		
4	服务程序正确	20		
5	有体现个性化服务	20		
	合计	100		
	小组建议			
	教师建议			

二、啤酒服务

啤酒的主要原料是大麦、啤酒花（蛇麻花）、水和酵母四种，有着"液体面包"之称，属于发酵酒类别。

（一）啤酒的种类（以啤酒的杀菌方式划分）

生啤酒，即鲜啤酒，是指没有经过巴氏杀菌的啤酒，口味鲜美且营养丰富，但因酒液中存留着活性酵母，所以其稳定性差，常温下保鲜期仅有7天左右。

熟啤酒，是指经过巴氏杀菌的啤酒。经处理后的熟啤酒稳定性好，保质期可达6个月，常以瓶装或罐装形式出售。

纯生啤酒和熟啤酒的杀菌工艺不同，熟啤酒的杀菌方式是在啤酒酿造好后进行，通过杀菌机用巴氏杀菌或高温的方式杀菌，熟啤酒的营养成分会受到破坏。而纯生啤酒则是通过一种特殊的无菌过滤设备过滤细菌，啤酒营养成分不会被破坏，口感更鲜、更纯，保质期可达6个月，常以瓶装或罐装形式出售。

（二）常见的啤酒品牌

常见的啤酒品牌见图2–24至图2–34。

图2–24 喜力 Heineken	图2–25 百威 Budweiser	图2–26 科罗娜 Corona
产地：荷兰	产地：美国	产地：墨西哥

图 2 – 27　生力 San Miguel

产地：中国香港、菲律宾

图 2 – 28　嘉士伯 Carlsberg

产地：丹麦

图 2 – 29　健力士 Guinness

产地：爱尔兰

图 2 – 30　麒麟啤酒 Kirin

产地：日本

图 2 – 31　朝日啤酒 Asahi

产地：日本

图 2 – 32　贝克 Beck

产地：德国

图 2 – 33　青岛啤酒

产地：中国山东

图 2 – 34　珠江纯生啤酒

产地：中国广州

（三）啤酒销售包装的容量规格

1. 瓶装啤酒（Bottled beer）

以玻璃瓶包装的啤酒。包装容量有 640 毫升、500 毫升、350 毫升和 330 毫升四种规格。这类包装形式产量最大。

2. 罐装啤酒（Canned beer）

以铝合金（易拉罐）包装的啤酒。包装容量有 500 毫升和 355 毫升两种规格。

3. 桶装啤酒（Cask beer）

以合金桶包装的生啤酒。包装容量有 25 升、30 升和 50 升三种规格。

（四）啤酒的酒精度和麦芽汁浓度

啤酒的酒精度只有 4%—8%，但同时在啤酒瓶或罐子的商标上标有"°P"，它不指酒精度，它的含义为麦芽汁浓度，即啤酒发酵进罐时麦芽汁的浓度。日常生活中我们所饮用啤酒的麦芽汁浓度多为 11°—12°。（见图 2-35）

人们常以麦芽汁浓度来衡量啤酒的味道、颜色和酒精度。在同一品牌、同一类型的啤酒中，麦芽汁浓度高的啤酒比麦芽汁浓度低的啤酒酒液颜色要深，味道要浓，酒精度要高。

图 2-35

（五）瓶装或罐装啤酒的出品服务程序

当客人点要整瓶或整罐啤酒后，可按以下程序为客人提供服务：

（1）在托盘处准备好两张杯垫、干净的空啤酒杯和所点选的啤酒（见图 2-36）；

（2）把两张杯垫摆放在吧台上，杯垫图案朝向客人；

（3）把啤酒杯放在靠近客人右手的杯垫上（见图 2-37）；

（4）打开啤酒瓶（罐）盖前需向客人确认啤酒品牌并询问是否现在打开；

（5）把啤酒顺着杯壁慢慢倒入杯中，倒酒时酒瓶的商标始终朝向客人；

（6）把剩下的啤酒放在客人啤酒杯右上角处的另外一块杯垫上，酒瓶商标朝向客人；

（7）配送小食（花生、青豆仁等）；

（8）请客人慢慢品尝（见图2－38）；

（9）当客人杯中啤酒剩余少于半杯时应及时上前为客人添加；

（10）及时撤下空瓶（罐）并进行酒水推销。

★斟倒啤酒时杯具及泡沫要求

啤酒杯要求清洁卫生，斟啤酒时，杯口上必须带有一定的泡沫，其厚度一般为1.5—2厘米。要注意的是酒杯不能与餐具同洗，若杯内有油渍会影响啤酒泡沫的产生。

图2－36

图2－37

图2－38

【做一做，练一练】

（1）结合学习情境二的学习活动一内容，完成对客人进行啤酒的推销工作。

（2）展示对客人提供啤酒的服务工作流程。

（3）活动评价意见表可参考如下：

序号	项目	应得分	扣分	实得分
1	推销语言正确、表达清晰、表情自然	20		
2	持瓶和持杯的姿势正确、端托技能好	20		
3	斟酒姿势正确，泡沫分量刚好	20		
4	服务程序正确	20		
5	有体现个性化服务	20		
合　计		100		
小组建议				
教师建议				

三、葡萄酒服务

葡萄酒是用新采摘下来的葡萄按当地传统方法压榨发酵而获得的含食用酒精的饮料，属于发酵酒类别。

（一）葡萄酒的分类

常见的葡萄酒分类方式如下：

1．按制作方法分类

（1）佐餐葡萄酒（Table Wine）。佐餐葡萄酒包括红葡萄酒（Red Wine）、白葡萄酒（White Wine）和玫瑰红葡萄酒（Rose Wine）三种，其酒精度通常在14°以下。

（2）带气葡萄酒（Sparkling Wine）。带气葡萄酒包括香槟葡萄酒和发泡葡萄酒两种。它在发酵过程中添加糖分以产生二氧化碳气体，并使其溶入酒中加以封存而成。从某种意义上说，发泡葡萄酒可以理解为带气的白葡萄酒。

（3）强化葡萄酒（Fortified Wine）。强化葡萄酒与其他葡萄酒最大的区别在于酒液发酵的过程中要加入白兰地，使其停止发酵并保留一定的糖分，酒精度通常会达到17°—21°。其中包括雪利酒（Sherry）、波特酒（Port）和马德拉酒（Madeira）等。这类酒严格地说不是发酵葡萄酒，应该归类为配制酒。

（4）加味葡萄酒（Aromatized Wine）。这类酒在制作过程中通常会加入一些配料，如草药、蜂蜜、香料，还可勾兑其他酒，常见的有味美思、杜本内等。此类酒虽然主要原料为葡萄，但其与众不同之处还是整个配制的过程和餐前饮用的方式，故应将其归为配制酒。

2．按含糖量分类

只要以葡萄为原料的发酵酒都可以以此来分类。多数人将含糖量中所描述的"干"，简单地理解为"酸"，其实这是不准确的，应该为"不甜"才更为合适。

（1）干性（Dry），指每升酒液中含糖量少于4g，被称为干性葡萄酒。该酒几乎不含任何甜味，只有专业人士和常饮葡萄酒的人才可辨别。

（2）半干性（Medium Dry），指每升酒液中含糖量在4—12g之间，被称为半干性葡萄酒。该酒入口后微感甜味，一般饮者稍加留意就可辨别。

（3）半甜性（Medium Sweet），指每升酒液中含糖量为12—50g，被称为半甜性葡萄酒。该酒的含糖量已属较多，常人稍加留意即可辨别。

（4）甜性（Sweet），指每升酒液中含糖量大于50g，被称为甜性葡萄酒。该酒的甜味已相当明显，任何人都可准确、快速地辨别。

【知识延伸】——酒吧员向客人介绍葡萄酒服务用语

（1）"先生，不妨选用我们酒店的专用（特选）葡萄酒，它可以零杯销售。"

（2）"先生，法国葡萄酒我们有 Bordeax、Bourgogne、Alsace，它们都达到 AOC 等级，您更喜欢哪一种？"

（3）"先生，您选用的这瓶葡萄酒需要一些时间醒酒，大约30分钟，您不介意多等一会儿吧？"

（二）为宾客服务白葡萄酒、红葡萄酒服务程序

操作步骤	操作标准	图示
准备酒杯及用品	（1）若是白葡萄酒则需置入冰桶内冷冻，商标朝上（见图2-39）。在客人的水杯右侧摆放葡萄酒杯。 ★注意：白葡萄酒、玫瑰葡萄酒、气泡酒饮用前都必须冷藏。	 图2-39
	（2）若是红葡萄酒，可以利用桌旁的酒车，也可以由侍酒师手捧酒瓶和酒杯到桌旁（见图2-40）。	 图2-40

（续上表）

操作步骤	操作标准	图示
展示酒瓶	（1）将葡萄酒瓶放置于口布上，以左手握瓶身下方，右手握瓶颈并将商标朝上方，使客人能清楚地阅读商标的内容（见图2-41）。 （2）客人验酒并同意后依规定进行开酒。 ★注意：只需向点酒的客人展示。商标要正对客人。	 图2-41
开瓶服务	（1）以开瓶器刀片去除锡箔封口。切勿转动瓶身以进行开酒。 （2）白葡萄酒要在冰桶内进行开酒（见图2-42）。 （3）红葡萄酒可在客人的餐桌上或餐旁酒车上进行。 下面以红葡萄酒为例，说明开瓶的方法：	 图2-42

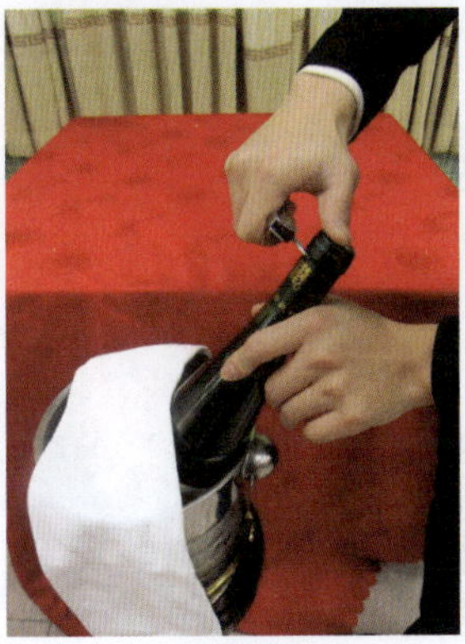

（续上表）

操作步骤	操作标准	图示
开瓶服务	 图2-43 （1）用开瓶酒刀上的小刀沿瓶口下方割开瓶口上的包装锡纸，割开后锡纸可放在侍酒师的口袋上（见图2-43）。	 图2-44 （2）用酒刀的螺丝刀从软木塞的中心轻轻地旋进木塞。 ★注意：商标仍需面向主人（见图2-44）。
	 图2-45 （3）通过酒刀上的杠杆轻轻把木塞拔出。 ★注意：酒塞快出来的时候应该用手轻轻扶住，避免酒塞出瓶的声音过响。 ★注意：商标仍需面向主人（见图2-45）。	 图2-46 （4）软木塞拔出后，要用手把它从酒刀中边旋转边抽出来（见图2-46）。

（续上表）

操作步骤	操作标准	图示
开瓶服务	 图2－47 （5）抽出软木塞后应递给主人判断该葡萄酒的品质，主人品鉴后，木塞可放在事先准备的白色餐巾上（见图2－47）。	 图2－48 （6）用另一清洁口布抹双手，并用口布的另一端小心地擦拭瓶口，酒刀可放回侍酒师口袋里，准备斟酒（见图2－48）。
	 图2－49 ★若是白葡萄酒，在冰桶上开瓶后需要给瓶身包上折叠好的餐巾（见图2－49）。	 图2－50 ★商标需面向客人，准备斟酒（见图2－50）。

（续上表）

操作步骤	操作标准	图示
斟酒服务	（1）先让主人试酒，试酒的量不能太多，根据客人的特点，一小口就好（见图2-51）。 （2）从主宾开始斟倒酒水，以顺时针的方向为客人依次斟倒，最后才给主人斟倒。 （3）斟酒最多以杯容量的2/3为度，白葡萄酒是2/3，红葡萄酒是1/3。斟酒时应让每位客人都能看到酒瓶的标签。 （4）斟倒完毕后，将剩余的红葡萄酒放于餐桌上或者让客人一眼就能看到的地方；白葡萄酒则放回冰桶。 （5）注意客人杯中的酒液情况和客人饮酒的速度，及时为客人斟倒酒水。 ★每斟倒一次，注意用清洁布巾擦拭瓶口再斟倒下一杯（见图2-52）。 ★葡萄酒服务过程中应遵循先低度的葡萄酒后高度的葡萄酒、先干性的葡萄酒后甜性的葡萄酒、先白的葡萄酒后红的葡萄酒、先有汽的葡萄酒后没汽的葡萄酒、先新酿的葡萄酒后陈年的葡萄酒、先女士后男士、先宾客后主人、先年长的客人后年轻的客人的服务原则。	 图2-51 图2-52

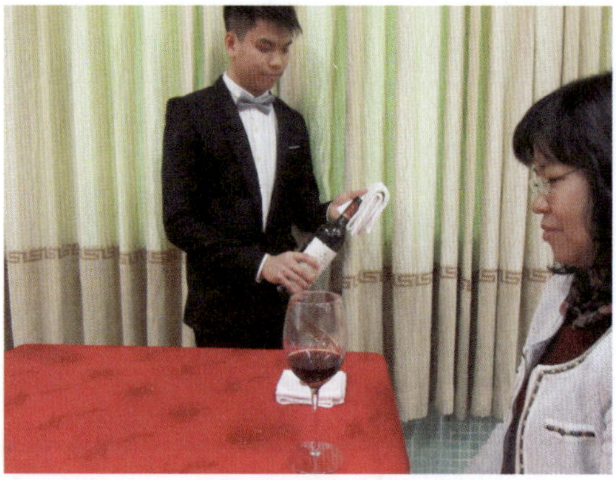

【知识延伸】

1. 如何保管葡萄酒

（1）温度变化不大的场所（10℃—15℃）。

（2）湿度为65%—75%（防止软木塞干燥和标签发霉）。

（3）在避光、无振动、无异味的地方横放保管。

如果库存量很少，保存条件有限，只要在不超过28℃的环境中保存，葡萄酒就不会遭受大的损失，当然，放进葡萄酒专用的冰柜里是最佳的保存方式。

2. 葡萄酒的最佳饮用温度

为了饮用葡萄酒时能带来最佳感受，饮用温度非常重要。清凉刺激虽然会带来愉悦，但如果过冷，香气和滋味就不能充分散发。

同白葡萄酒相比，为了能让顾客品味红葡萄酒（特别是经过熟成的）复杂、微妙的芳香，温度最好在16℃—18℃。

白葡萄酒、玫瑰色葡萄酒等由于是以甜味和酸味的平衡为主体的，所以最好冷却到8℃—10℃饮用，这样喝起来更美味爽口。

甜葡萄酒和含有碳酸气体的发泡性葡萄酒在7℃—8℃饮用是最合适的。

3. 为什么有个别葡萄酒瓶的底部会有凹位

（1）瓶底凹入或平底的设计均不会影响酒质，但瓶底凹入通常会暗示这瓶酒可以被长时间陈放，更利于沉淀。

（2）瓶底凹入的设计可使瓶子耐压性更高，例如汽酒大多会使用这种设计的瓶子盛装。

（3）有个别地方的葡萄酒服务，侍酒师将拇指插入瓶底凹处，将整瓶酒举起进行斟酒服务。

【做一做，练一练】

（1）结合学习情境二的学习活动一内容，完成对客人进行葡萄酒的推销工作。

（2）练一练红葡萄酒、白葡萄酒的开瓶技能。

（3）展示对客人提供葡萄酒的服务工作流程。

（4）活动评价意见表可参考如下：

序号	项目	应得分	扣分	实得分
1	推销语言正确、表达清晰、表情自然	20		
2	持瓶和持杯的姿势正确、端托技能好	20		
3	斟酒姿势和分量正确	20		
4	服务程序正确	20		
5	有体现个性化服务	20		
合　计		100		
小组建议				
教师建议				

四、鸡尾酒服务

鸡尾酒起源于美国，英文名称为 Cocktail，是以蒸馏酒为基酒，再配以果汁、汽水、利口酒等辅料调制而成的，是一种色、香、味、形俱佳的艺术酒品。

目前比较流行的调酒手法有英式和美式两种。英式调酒——服饰标准，动作规范，配方统一，使用量酒器，在酒店和西餐厅中较为常用；美式调酒——以英式调酒为基础，融入抛瓶技巧，结合夸张的动作和强劲的音乐使其更具有观赏性、刺激性。目前在酒店中基本是使用英式手法调制饮品，鸡尾酒的调制方法主要是：摇和法、兑和法、调和法等。

（一）调酒方法及其基本动作

名称	含义	图示
摇和法（Shaking）	指把酒水与冰块按配方规定的量放进摇酒壶混合，摇匀后把酒水过滤冰块或连冰块一起倒入杯中。摇和有单手摇（见图2-53）和双手摇（见图2-54）两种手法。★摇和时摇至调酒壶壁起白霜即可。当调酒材料中含有牛奶、蜂蜜、糖浆、鸡蛋等比较浓稠的材料时可用此法。注意：含气的如可乐、雪碧等饮料不能放进去摇晃。	 图2-53 单手摇：右手食指按住壶盖，其他四指握住壶身，用手腕力量用力摇晃。  图2-54 双手摇：左手中指托住壶底，其余四指夹住壶身；右手拇指压住壶盖，其他四指扶住壶身。双手抱住摇酒壶在胸前或耳侧呈45°角用力摇晃。

（续上表）

名称	含义	图示
兑和法 （Blending）	有两种方法：一种是将配方中的酒水按分量直接倒入杯中，不需要搅拌而直接出品（见图2–55）；另一种是根据各种酒水之间的不同比重，借助吧匙将酒水缓缓倒入杯中产生层叠效果（见图2–56）。	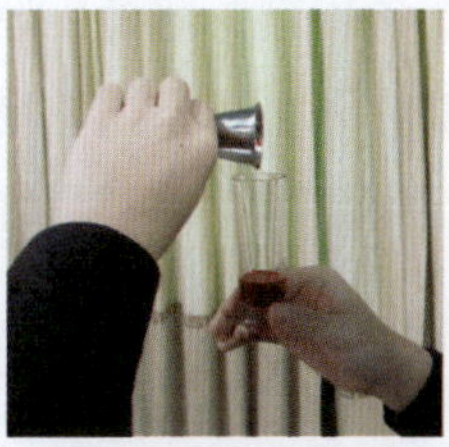 图2–55　直接往杯中倒入酒水  图2–56　借助吧匙起层
调和法 （Stirring）	是借助吧匙调匀原料的一种方法。方法：左手捏住杯具的底部；右手大拇指和食指捏住吧匙的旋转部位，中指和无名指夹住吧匙，类似于拿毛笔的手势，将吧匙背贴着杯壁顺时针方向搅动数次（见图2–57）。	 图2–57　一手扶杯一手拿着吧匙进行调和
搅和法 （Blending）	把酒水与碎冰按配方分量放进电动搅拌机中把材料充分搅碎混合。用于以水果、冰淇淋等固体原料调味的或为达到产生泡沫、冰沙等效果的饮品（见图2–58）。（操作参考学习情境一机器安全操作的内容。）	 图2–58

（二）英式调酒程序基本动作要领

（1）准备用具：冰桶、冰夹、量杯、载杯、摇酒壶、垫巾等。（图2－59，图2－60）

（2）摆放酒水：根据鸡尾酒品摆放所需酒水。（图2－61）

（3）制作杯饰：准备杯饰（车厘子、橙片、柠檬等）。（参考学习情境一的学习活动内容）

（4）检查杯具：检查有无指纹、口红、裂痕等。（图2－62）

（5）提早冰杯：在载杯中加入冰块预冷杯具。（图2－63）

（6）展示酒水：用左手托住瓶的底部，右手握住瓶颈，以60°角将商标面向客人逐一展示所需酒水原料。（图2－64）

（7）开瓶：用右手握住瓶身，左手拧开瓶盖，开瓶是英式调酒的重要环节。（图2－65）

（8）量杯倒酒：左手拇指、食指与中指夹起量杯，把量杯放在靠近调酒用具的正前方，弯腰将酒倒入量杯，倒入调酒用具后，放下量杯，盖好瓶盖，酒瓶复位。（图2－66）

（9）调酒：按配方要求用量杯倒酒，根据饮品特点选择正确的调酒方法调制（摇和、兑和或调和）。

（10）滤冰倒酒：倒掉冰杯的冰，然后将调酒壶滤冰后倒入杯中。（图2－67）

（11）插入杯饰：如果是车厘子可以参考图2－68。

（12）端送酒水：加装饰物，上杯垫，端送客人。（图2－69）

（13）清洁收拾：酒水原料归位、清洗调酒用具、整理吧台，完成操作。

图2－59

图2－60

图2－61

图2－62

图2－63

图2－64

图 2 - 65

图 2 - 66

图 2 - 67

图 2 - 68

图 2 - 69

【知识延伸】——酒吧常用计量单位的换算

1 Ounce（oz）＝28.4mL

1 Jigger＝1.5oz＝45mL

1 Teaspoon＝1/8oz＝4mL

1 Barspoon＝2mL

1 Dash＝1mL

【做一做，练一练】

1. 根据调酒方法和调酒动作基本要领，尝试练习做出以下的经典鸡尾酒

（1）红粉佳人：

标准配方	1oz Gin 金酒 1/5oz Grenadine 红糖浆 1/3oz Sugar Syrup 白糖浆 1/2oz Cointreau 君度酒 1/2oz Lemon Juice 柠檬汁 1/2 pc Egg White 蛋白	调制法	摇和法
		装饰物	红樱桃
		载杯	鸡尾酒杯

（2）威士忌酸：

标准配方	1/2oz Lemon Juice 柠檬汁 1/2oz Sugar Syrup 白糖浆 1oz Whisky 威士忌酒	调制法	摇和法
		装饰物	红樱桃、柠檬角、橙油
		载杯	鸡尾酒杯

（3）得其利：

标准配方	1oz White Rum 白朗姆 2oz Sweet Lemon Juice 甜酸柠檬汁	调制法	摇和法
		装饰物	糖边
		载杯	鸡尾酒杯

（4）墨西哥日出：

标准配方	1oz Tequila 特基拉酒 0.5oz Grenadine 红糖浆 半杯冰块和约七分满的橙汁	调制法	兑和法
		装饰物	车厘子、橙片
		载杯	高杯

（5）B52 轰炸机：

标准配方	0.5oz Kahlua 咖啡酒 0.5oz Baileys 百利甜 0.5oz Cointreau 君度酒	调制法	兑和法
		装饰物	无
		载杯	子弹杯

（6）四喜临门：

标准配方	1/3oz Grenadine 红糖浆 1/3oz Green Mint 绿色薄荷酒 1/3oz Blue Curacao 蓝橙酒 1/3oz Vodka 伏特加酒	调制法	兑和法
		装饰物	无
		载杯	子弹杯

（7）雪球：

标准配方	Ice 七分满杯冰块 1oz Advocaat Liqueur 蛋黄甜酒 Lemonade 柠味汽水加满	调制法	调和法
		装饰物	车厘子、橙片
		载杯	高杯

（8）倩影：

标准配方	1oz Gin 金酒 1oz Blue Curacao 蓝橙 1oz Lemon Juice 青柠汁 Lemonade 柠味汽水加满	调制法	调和法
		装饰物	杨桃片挂杯
		载杯	高杯

（9）绿眼：

标准配方	1oz Vodka 伏特加 1oz Blue Curacao 蓝橙酒 6oz Orange Juice 橙汁	调制法	调和法
		装饰物	橙角
		载杯	高杯

（10）椰林飘香：

标准配方	1oz White Rum 白朗姆酒 2oz Coconut Wine 椰浆力娇 3oz Pineapple Juice 菠萝汁 1Scoop 碎冰	调制法	搅和法
		装饰物	菠萝角
		载杯	高杯

（11）水果宾治：

标准配方	1oz Orange Juice 橙汁 1oz Pineapple Juice 菠萝汁 1oz Grenadine 红糖浆 1oz Lemon Juice 柠檬汁 1Scoop 碎冰	调制法	搅和法
		装饰物	菠萝角
		载杯	高杯

（12）雪泥玛格丽特：

标准配方	2oz Tequila 特基拉酒 1oz Cointreau 君度酒 1oz Lemon Juice 柠檬汁 1oz Sugar Syrup 白糖浆 1Scoop 碎冰	调制法	搅和法
		装饰物	盐边、青柠檬轮
		载杯	高杯

调酒活动评价表可以参考下表：

调制各类鸡尾酒评分表

评价项目	具体内容	小组评	教师建议
操作程序正确（20分）	先备好所需酒水，再备好杯具；先制作杯饰，再调酒（先加冰后倒酒水，先辅料酒再基酒）；最后要将物品归回原位		
示瓶倒酒（20分）	倒酒速度适中，有示瓶动作，按分量倒酒		
成品特点（20分）	调制后酒水质量好，具视觉色彩		
卫生（20分）	调酒前先洗手，要有调酒用垫巾，吸管、搅棒等要合适放置		
姿态（20分）	全套动作连贯，优雅，不粗鲁		
总分			

2. 自由创作鸡尾酒，活动评分可依据下表

项目	要求和评分标准	分值	扣分	得分
仪容仪表（10分）	仪容仪表符合要求	5		
	服饰整洁、手部及指甲干净卫生	5		
鸡尾酒调制技能（70分）	应对载杯进行冰杯处理	5		
	下料程序（顺序）正确（先放冰块）	5		
	操作姿态优美，手法干净、利索、卫生	40		
	调酒器具保持干净、整齐	5		
	酒水使用完毕，旋紧瓶盖，复归原位	5		
	严格按照规定配方调制鸡尾酒	10		
酒品品评（20分）	杯具选择正确，酒量占酒杯八至九成满	5		
	味道及香味平衡	5		
	装饰物造型正确	5		
	口味与自创主题相协调	5		
实际得分				

五、果汁饮品服务

果汁的品种很多，酒吧中分为罐（瓶）装果汁、浓缩果汁、鲜榨果汁三大类。

1. 罐（瓶）装果汁

打开倒出后可直接饮用而不需要兑水稀释。由于质量稳定，酒吧中常用此类果汁做辅料用于调酒。常见的品种有：橙汁、菠萝汁、番石榴汁、西柚汁等。（图 2 – 70 和图 2 – 71）

2. 浓缩果汁

要稀释后才能饮用。酒吧也常用它做调酒的辅料，常见的牌子有：

新的（Sunquick）浓缩果汁——1 份浓缩果汁兑 9 份水。

屈臣氏（Watsons）浓缩果汁——1 份浓缩果汁兑 3 份水。

稀释时最好用冰水或常温下的饮用水，如用热水稀释会影响果汁质量，常会出现变酸的现象。（图 2 – 72）

3. 鲜榨果汁

酒吧常制作的果汁有：橙汁、苹果汁、西瓜汁、甘笋汁、蜜瓜汁、雪梨汁、椰汁等。（图 2 – 73）

★榨汁时的注意事项

（1）所有用于榨汁的水果在榨汁前必须清洗干净，有皮的水果去皮前亦需洗干净果皮，发现质量欠佳的及时挑出处理。

（2）榨西瓜汁、甘笋汁、蜜瓜汁、雪梨汁、苹果汁等汁时，酒吧员必须戴上一次性手套，不能用手直接拿水果，以确保卫生。榨橙汁时鉴于其操作特点及安全角度考虑，可不用戴上手套，以免滑手造成损伤。

（3）所有鲜榨汁均要求当时榨取，部分容易变色的材料如甘笋、苹果、雪梨等要求即点即榨，对销量较大的橙汁、西瓜汁、蜜瓜汁等鲜榨汁需提前准备的，时间应以 1 小时为佳，以保证果汁新鲜度和质量。

（4）所有鲜榨汁均不能隔夜使用，当天用不完的即需处理掉。

（5）榨取不同果汁时，应先将果汁机清洗干净，以免影响下批果汁质量。

图 2 – 70

图 2 – 71

图 2 – 72

图 2 – 73

【知识延伸】

★关于增甜剂——糖

在饮品制作中加入甜味剂可达到强化饮品甜味的目的。

液态糖——又称糖浆、糖胶、糖水。常见的品种有蜜糖、红糖浆、绿糖浆和白糖浆等。由于其容易融合在液体当中，因此被广泛地使用在饮品制作中，特别是冷饮，如鸡尾酒。

固态糖——适用于热饮，如饮用咖啡时放入的白方糖。

★制作糖浆

酒吧中白糖浆通常是自行调配的，其制作原理如下：

（1）调配比例——白糖与水的重量比例是 2：1。

（2）白糖浆的制作方法：

搅拌——用搅拌机把白糖和水充分搅和在一起。由于此法较为方便，在酒吧中被广泛使用。

熬制——把白糖和水通过加热的方式融合在一起。为了保证糖浆成品色泽纯净，一般使用不锈钢锅（桶）来熬制。当制作的糖浆量比较大时可用此法。

（3）制作过程中应注意的事项：

①制作量不宜过大，最多是一周的用量；

②制作好的白糖浆应放入冰箱中保存，保质期为一周；

③若成品出现糖霜现象，应马上停止使用。

★为什么鲜橙子在榨汁前最好要浸泡热水？

使用鲜橙（或柠檬、橘子）榨果汁时，如能用60℃—70℃热水浸泡10分钟左右，可多产15%的果汁，因为热水可以让果肉软化，水解果胶质，从而提高出汁率。

【做一做，练一练】

（1）结合学习情境二的学习活动一内容，完成对客人进行果汁饮品的推销工作。

（2）根据榨汁机的使用要领和鲜榨果汁的注意事项，尝试练习做出以下的果汁饮品：

①鲜橙芒果汁；

②青瓜苹果汁；

③香蕉菠萝汁；

④青瓜胡萝卜汁；

⑤椰子菠萝汁。

（3）活动参考评分表如下：

评价项目	具体内容	小组评	教师建议
操作程序正确（20分）	选择新鲜的水果，正确切割水果的大小，准备好相关杯具、吧匙、布巾等物品		
安全使用电器和刀具（30分）	选择恰当的水果切割刀具，注意用刀安全；插电源时，双手保持干爽；注意正确拆装榨汁机		
卫生（20分）	榨汁时，不能用手指挤压蔬果，需使用所配备的挤压棒		
姿态（30分）	全套动作连贯，优雅，不粗鲁		
总分			

六、咖啡服务

酒吧中咖啡单上包含众多咖啡种类，如蓝山咖啡、摩卡咖啡等。作为酒吧调酒师同时应该也是一位咖啡师，可以为客人提供咖啡服务。咖啡主要有哪些分类？如何制作一杯单品咖啡和冲泡花式咖啡呢？

（一）咖啡的主要品种

1. 阿拉伯卡（Arabica）

阿拉伯卡是最好的咖啡豆品种，味道醇厚，芬芳馥郁，多生长在海拔较高、雨量充沛的南美洲国家。这种咖啡豆的特点是豆身较小而且浑圆，裂纹弯曲，咖啡因含量较低，约为1%—1.7%。

2. 罗巴士达（Robusta）

罗巴士达多生长在海拔较低的地区，味道浓烈，较适合于与其他品种的咖啡混合。其特点是豆身较扁阔，裂纹较直。咖啡因含量较高，为2%—4.5%。

不同地区生产的咖啡豆，其味道不尽相同，有些偏香，有些偏苦，有些偏酸，有些偏醇。为了使咖啡口味更佳，市面销售的咖啡常常用几种不同的咖啡豆混合而成，称为混合咖啡（Blended Coffee）。

（二）市面销售的咖啡产品的三种形式

1. 咖啡豆

咖啡豆颗粒出售，须用专用设备烘焙、磨粉并冲泡过滤成咖啡。这样可使咖啡的色、香、味达到最佳的效果。高星级的酒店和高级的咖啡厅大多有咖啡豆出售。

2. 咖啡粉

咖啡磨成粉状出售，饮用时只需用咖啡机冲泡过滤即可，但其香、味比用咖啡豆制成的咖啡稍差。

3. 速溶咖啡

咖啡初加工成粒状，用开水直接冲泡即可饮用。这种咖啡饮用方便，但味道比上述两种相差甚远。世界上第一杯速溶咖啡是雀巢公司于1983年发明的，并很快在全球盛行起来。

4. 现磨咖啡与速溶咖啡的区别

现磨咖啡与速溶咖啡在选豆、加工过程、口感和对健康的影响等方面均有很大不同。总的来说，现磨咖啡选用上乘的咖啡豆，烹煮的时间长，制作精细，口感好，品质佳，而速溶咖啡选用的是较为低劣的咖啡豆，口感差，但冲饮方便，又因咖啡因含量高而格外具备提神功能，它含有致癌物质丙烯酰胺，长期饮用会出现嗜睡、情绪不佳、记忆改变、幻觉和振颤等症状，所以速溶咖啡不宜多饮。

项目	现磨咖啡		速溶咖啡	
选用的咖啡豆	阿拉比卡豆	生长于 600~2200 米的山上	罗布斯塔豆	生长于 800 米以下的山上
		下种后 5 年长成		下种 2 年长成
		其树极为娇嫩，需要高度人工照料		不需要太多人力，能抵抗病虫侵害
		豆形较长，呈椭圆形，中央线弯曲		豆形较圆胖，呈半圆形，中央线较直
		咖啡因含量低		咖啡因含量高
制作工艺	采收——挑选——处理——烘焙		预处理（去除杂质）——烘炒——磨碎——萃取——浓缩——干燥	
口感	口感香醇		口感苦涩，因其加工过程均在高温环境下进行，香气早已遗失殆尽，厂家在加工过程中加入香精以补充香味，每袋速溶均含有大量的糖和奶精，以掩盖咖啡豆苦涩的味道	
其他	无致癌物质		含致癌物质丙烯酰胺	

【知识延伸】——什么是 Espresso？

Espresso 这个词出自意大利语"快速"，一般代指意式浓缩咖啡。

意大利咖啡并非产自意大利的咖啡豆，而是经过中深度烘焙的咖啡豆，与咖啡豆的品种无关，一般用两种或两种以上咖啡豆拼配而成。其制作是利用蒸汽压力瞬间将咖啡液抽出。所有的牛奶咖啡，如卡布奇诺、拿铁都是以 Espresso 为基础制作出来的。

意大利咖啡通常采用较高海拔的巴西综合豆为基底，搭配中美洲高海拔所产的优质咖啡豆调制而成，分为南意和北意两种风味。北意风格的意大利咖啡豆一般采用中浅烘焙方式，选配时基本使用阿拉比卡豆，咖啡表层的乳脂颜色较浅；南意风格的意大利咖啡豆一般采用中深度烘焙，选配咖啡豆时会加入罗布斯塔豆，咖啡因含量也因此更高一些。

萃取 Espresso 必须符合以下条件：咖啡粉的分量 6.5 克 ±1.58 克（一杯），水的温度 90℃ ±5℃，水的压力 9 巴 ±2 巴（1 巴 = 10^5 Pa）大气压力，过滤时间 30 秒 ±5 秒。

（三）咖啡按调制的不同分类

1. 单品咖啡

单品咖啡是用原产地出产的单一咖啡豆磨制而成，饮用时一般不加奶或糖的纯正咖啡。这类咖啡口感特别，成本较高，因此价格较贵。比如牙买加的蓝山，就是咖啡中的极品；还有巴西咖啡、哥伦比亚咖啡和产于埃塞俄比亚的摩卡咖啡等都是出名的单品咖啡。（图 2 - 74）

2. 拿铁咖啡

拿铁咖啡是意大利浓缩咖啡与牛奶的经典混合，意大利人喜欢把拿铁咖啡作为早餐饮料。（图 2 - 75）

3. 卡布奇诺咖啡

卡布奇诺咖啡是将浓缩咖啡、牛奶与奶泡按 1：1：1 比例调配的饮品，咖啡上的奶泡其实与天主教卡布奇会传教士所戴的披风上的帽子很像，这也是这种咖啡名称的由来。（图 2 - 76）

4. 皇家咖啡

皇家咖啡是在咖啡杯中倒入煮好的热咖啡，再在杯上放置一把特制的汤匙，汤匙上搁着浸过白兰地的方糖和少许白兰地。点燃方糖，就可以看到淡蓝色的火焰在方糖上燃烧，等火焰熄灭、方糖溶化的时候，将汤匙放入咖啡中搅匀即可。（图 2 - 77）

5. 爱尔兰咖啡

爱尔兰咖啡是一种既像酒又像咖啡的咖啡，原料是爱尔兰威士忌咖啡豆，采用特殊的咖啡杯和特殊的煮法。爱尔兰咖啡杯是一种方便于烤杯的耐热杯。烤杯可以去除烈酒中的酒精，让酒香与咖啡能够更直接地调和。（图 2 - 78）

6. 摩卡咖啡

在拿铁咖啡中加入巧克力酱，就可以调成香浓的摩卡咖啡。制作只需要意大利浓缩咖啡、热巧克力和热牛奶各三分之一依次倒入咖啡杯中即可。（图 2 - 79）

图 2-74

图 2-75

图 2-76

图 2-77

图 2-78

图 2-79

（四）冲泡咖啡的简介

咖啡的冲泡分为挑选咖啡豆、选择冲煮咖啡器具、研磨咖啡豆、冲煮咖啡等步骤，常见的几种冲泡方法如下：

方法	操作	图示
滴滤式	这种滴滤壶的构造很简单，只有一个圆锥形容器，很像一只杯子（见图 2-80）。容器的内缘必须铺上滤纸，再放入咖啡粉以热水冲泡即可。这种方法使热水与咖啡粉接触一次便落入杯子里，所以只会萃取到挥发较高的物质，因此可以冲煮出气味芬芳、杂味最少的咖啡。	图 2-80

（续上表）

方法	操作	图示
全自动咖啡机	全自动咖啡机实现磨粉、压粉、装粉、冲泡、清除残渣等冲泡过程的自动控制（见图2－81），方便操作，品质一致，效率高，适用于饭店咖啡厅、餐厅、酒吧等。	 图2－81
法式压滤壶	压滤壶最能显示出咖啡原始的风味，它的操作原理是用热水直接冲泡咖啡，并用铁网过滤，几乎把能萃取的物质全部萃取出来，所以会形成一杯较浑浊的咖啡（见图2－82）。一般优质的咖啡很适合这种冲泡方法。	 图2－82
虹吸壶	虹吸壶就是用一根水管利用空气的压力将下半容器内的水移到上半容器中，就变成一杯咖啡（见图2－83）。	 图2－83

（续上表）

方法	操作	图示
摩卡壶	摩卡壶由上壶、滤网、下壶所组成，滤网在上下壶之间（见图2-84）。冲泡时水装在下壶，咖啡放在中间的滤网里，下壶受热后产生的水蒸气将热水冲上去，穿过咖啡粉然后进入上壶形成咖啡。因为它的气压比较高，所以有人将它归为高压式煮法，也有人把它叫做手工浓缩咖啡。	 图2-84
意大利浓缩咖啡机	半自动咖啡机是意大利传统的咖啡机（见图2-85），依靠人工操作磨粉、压粉、装粉、冲泡、清除残渣等。做一杯Espresso的标准咖啡粉在7克左右、水温95°左右、水压在10个大气压左右、冲煮时间在22—28秒。	 图2-85

（五）咖啡服务

实训步骤	操作标准	注意事项
准备咖啡杯及用品	① 准备两类咖啡杯：有杯柄的咖啡杯及杯碟；无杯柄的玻璃牛奶咖啡杯 ② 咖啡用具必须高温消毒，干净、完好、无水迹 ③ 托盘干净、无破损 ④ 杯垫平整、完好、无水迹 ⑤ 咖啡勺干净、完好、无指纹	① 有柄的咖啡杯，应准备4套，配齐相关的咖啡壶等咖啡用具 ② 无柄的玻璃牛奶咖啡杯准备1套即可

（续上表）

实训步骤	操作标准	注意事项
准备咖啡	① 由咖啡机制作好意式浓缩咖啡 ② 准备一壶煮好的咖啡 ③ 一杯花式咖啡（这个由咖啡师在咖啡吧里做好） ④ 准备好糖盅、奶盅，新鲜牛奶倒入奶盅，小包食糖放入糖盅 ⑤ 在糖浆杯里放入糖浆	① 糖盅内放 2 包低糖、4 包咖啡晶糖、6 包白糖；奶盅内倒入 1/2 奶 ② 糖浆杯里的糖浆可以换成蜂蜜，倒 7 成满
咖啡服务	（1）为一桌 4 人左右的客人准备 1 壶咖啡 ① 微笑并使用礼貌语言向宾客问候 ② 用托盘将咖啡用具连同奶盅和糖盅送上台，咖啡壶放在女主人的右侧，糖盅和奶盅置于餐台中间 ③ 左手托盘，从宾客右侧上杯碟，遵循"女士优先，先宾后主"的原则，按顺时针方向进行 ④ 右手拿咖啡底碟，上放咖啡杯，若咖啡杯有柄，柄应水平朝右摆放，咖啡匙平置于咖啡杯前，从客人右手边放于客人两手之间 ⑤ 咖啡由女主人示意斟倒，如果女主人没示意，可闻讯后再决定是否需要 ⑥ 用咖啡壶为客人倒 2/3 满，再将壶放于女主人右手边，壶口勿对客人，应朝外 （2）为单独的客人服务花式咖啡 ① 微笑并使用礼貌语言向宾客问候 ② 用托盘将咖啡杯放在客人面前，糖浆杯放在客人的右手边，距咖啡杯 4 指宽左右 ③ 注意吸管和搅棒的位置，最好朝向客人的右手边	如宾客再点咖啡时： ① 更换新的咖啡杯 ② 当宾客再次点咖啡剩 1/3 时，应上前询问宾客是否再点另一杯咖啡 ③ 空咖啡壶及时撤走，宾客杯中咖啡用完，宾客也未再要咖啡时，征得宾客同意，撤下空咖啡杯 ④ 服务各类小西点，针对不同款咖啡，有免费搭配的，也有需要加钱另点的

★【知识延伸】——咖啡服务的注意事项

（1）温度适宜。客人如果没有点冷咖啡，就要上热咖啡，温度是 80℃ 左右。

（2）即泡即上。若由于种种原因耽搁了上咖啡，导致温度降低，不应将咖啡再次加热，应重新泡或煮咖啡给客人。

（3）分量适中。喝咖啡不像喝酒或果汁，一满杯的咖啡，会降低客人喝咖啡的兴趣，一般以八分满为宜。

（4）跟配奶、糖。由客人自己决定是否加奶和糖。

【做一做，练一练】

1. 冲泡卡布奇诺咖啡

步骤	图示
（1）提前在磨豆机中把咖啡豆磨成粉末。 （2）用干布抹干冲煮把手，然后装入咖啡粉，呈现山丘状。 （3）用盖子刮粉填平粉末（见图2-86）。	 图2-86
（4）压粉： A 第一次填压力10kg，目的是填平； B 使用压粉锤小头敲击把手两侧耳朵，使粘在把手内壁的咖啡粉掉落； C 第二次填压力20kg，使粉饼平整（见图2-87）。	 图2-87
（5）打开萃取键，清洁冲煮头5—10秒，放出热交换器前段高温热水，避免咖啡粉被烫坏。 （6）将冲煮把手锁上冲泡头，按下萃取键萃取，经过20—30秒，萃取25—35毫升的咖啡液体（又名Espresso）出来（见图2-88）。	 图2-88

（续上表）

步骤	图示
（7）在拉花缸里加入 1/3—1/2 冷藏好的牛奶。 （8）使用咖啡机的蒸汽系统（包括蒸汽阀与蒸汽喷管的操作）将拉花缸内的牛奶打发成奶泡（见图2－89），温度约在65℃。 ★奶泡的要求：细腻、黏稠、没有粗泡沫。处理方法有： （1）抖：目的是去除表面的粗泡沫。 （2）摇：使缸内泡沫和液体充分混合均匀，形成奶泡。	 图 2－89
（9）将奶泡处理完毕，使用打发好的奶泡与萃取出的意式浓缩咖啡，再通过特定的手法，将奶泡注入意式浓缩咖啡中，形成一杯有着细腻丰富奶泡、奶香四溢的 Cappuccino（见图2－90和图2－91）。	 图 2－90  图 2－91

2. 用虹吸壶冲泡双份咖啡

（1）准备：

①选取咖啡豆，一人份约8克，两人份即16克。可选用的咖啡豆是巴西、蓝山、万特宁等。（图2－93）

②研磨中度粗幼的咖啡豆。（图2－94）

③准备搅拌用的搅拌棒、酒精灯或气炉，装好上壶里面的滤布。（图 2－92、2－95）

④往咖啡杯里加入热水进行温杯。

（2）开始：

①擦干净下壶的底座后倒入热水，一杯单品的分量是 150—180mL，因为还要加奶或糖，必须留一点空间，所以利用刻度杯加温水 30mL 左右。将上壶的滤布安装好后，斜插进下壶里进行预热。（图 2－96）

②点燃酒精灯或气炉，当水快要沸腾的时候，把上壶扶正放好。

③水开始往上壶冲的时候，倒入研磨好的咖啡粉末。当下壶还有一点水的时候，利用搅棒开始计时搅拌咖啡粉，在咖啡粉层先搅拌 10 秒左右后放下搅棒，30 秒后再搅拌 10 秒，必须同一方向。1 分钟左右收火，再搅拌一下，切勿刮到下壶里面的滤布。（图 2－97）

④将酒精灯或气炉移开，等咖啡液体流入下壶。（图 2－98）

⑤拔出上壶，倒掉之前温杯的热水，将咖啡倒入杯中。（图 2－99）

（3）收尾工作：

①轻轻拉扯弹簧，使扣子松开，倒转上壶，将咖啡渣倒出来。

②拆下滤布进行清洗。

图 2－92　准备物品咖啡

图 2－93　称两杯量的咖啡豆

图 2-94　研磨咖啡豆

图 2-95　装好上壶

图 2-96　开始加热

图 2-97　同一方向搅拌咖啡粉

图 2-98　咖啡液体流入下壶

图 2-99　倒入咖啡杯中

【知识延伸】

1. 研磨咖啡

好的开始是成功的一半。研磨是我们制作咖啡的第一步，如果研磨的粗细度与冲煮工具完全不相匹配，或者咖啡豆粗细度程度不一，那么即使我们的制作技巧再高超，也不可能煮出一杯好咖啡。

不同的冲煮工具要求咖啡粉的粗细程度如下：

（1）粗型：约如白砂糖般粗细，适合滤压壶、美式壶、粗口壶。

（2）中型：适合虹吸壶，如用小飞鹰磨豆机约在2—2.5段。

（3）细型：约如绵白糖粗细，适合摩卡壶。

（4）极细型：几乎为粉末状，适合意式浓缩咖啡机。

2. 用手摇磨豆机研磨咖啡豆流程

（1）调粗细。将顶上的螺丝拧下来，打开手柄，将标志刻度铁条放在适当的位置上，再将手柄和螺丝重新安装上去。（图2-100、图2-101）

（2）将咖啡豆放在磨盘中。

（3）以均匀的速度和力量摇动柄。（图2-102）

（4）从抽屉中取出咖啡粉。（图2-103）

图2-100

图2-101

图 2 - 102

图 2 - 103

3. 用摩卡壶冲煮咖啡

（1）往咖啡杯中加热水进行暖杯。

（2）往下壶加入温水，水量不超过下壶的安全阀处。（图 2 - 104）

（3）取 16 克咖啡豆进行磨粉，需要研磨度为 1，采用幼细的咖啡粉末，放在装粉杯中，并需要压平整粉末。（图 2 - 105、图 2 - 106）

（4）打湿滤纸贴在上壶座底部后拧紧。（图 2 - 107）

（5）放在酒精灯或气炉上加热。（图 2 - 108）

（6）等到上壶有咖啡油流出，关小火。（图 2 - 109）

（7）等到液体覆盖全部底座，关火。

（8）倒掉之前温杯的热水，将咖啡倒入杯中。（图 2 - 110）

图 2 - 104

图 2 - 105

图 2 – 106

图 2 – 107

图 2 – 108

图 2 – 109

图 2 – 110

4. 咖啡练习的评分表可参考如下

项目	内容	分值	得分	扣分
操作前准备工作	准备抹布、咖啡杯预热、个人清洁卫生	20		
意式浓缩咖啡操作	正确的倒粉、压粉；机头冲洗、立即冲煮、萃取时间（20—30秒）	30		
打奶泡和拉花操作	打奶泡前空喷蒸汽管、奶泡的状态，牛奶的剩余	30		
作品特点	温度适宜、牛奶和浓缩咖啡的平衡，奶泡的厚度和持久度	20		
总分				
小组建议				
教师建议				

任务准备

一、团队组建

本书大部分内容的学习采取小组学习的方式进行，请在规定时间（10分钟）内自行组建学习小组（每组人数视班级情况自定），5—8人为一组，教师根据学生特质作适当调配。

班名		组别	
组长		组长电话	
组员姓名			

二、物品和场地准备

1. 场地

模拟酒吧。

2. 物品

（1）吧台设备：三格洗涤槽、杯架、后吧储酒柜；

（2）桌椅家具：吧凳、小圆吧桌、沙发；

（3）电器设备：制冰机、冰箱、搅拌机、榨汁机、咖啡机、研磨机、消毒柜、空调设备、音响设备、收银设备；

（4）调酒用具：摇酒壶、量杯、滤冰器、吧匙、搅棒、吸管、配料盒、纸巾、杯垫等物品；

（5）餐巾布件：桌布、餐巾、抹布等；

（6）杯具：鸡尾酒杯、香槟杯、葡萄酒杯、古典杯、啤酒杯、洛克杯等多款杯型；

（7）各类型酒瓶：各类烈酒、配制酒酒瓶、啤酒瓶；

（8）其他物品：托盘、水果、咖啡豆、糖浆缸、奶缸、糖包、烟灰缸若干、点火机、托盘、酒水单、小食碟、账单夹、房卡、信用卡等。

🔲 任务实施

一、制定实施方案

认真分析任务，并确定好任务实施方案或工作流程。

（1）＿＿＿＿＿＿＿＿＿＿＿＿＿＿＿＿＿＿＿＿＿＿＿＿＿＿＿＿＿＿＿＿＿

（2）＿＿＿＿＿＿＿＿＿＿＿＿＿＿＿＿＿＿＿＿＿＿＿＿＿＿＿＿＿＿＿＿＿

（3）＿＿＿＿＿＿＿＿＿＿＿＿＿＿＿＿＿＿＿＿＿＿＿＿＿＿＿＿＿＿＿＿＿

（4）＿＿＿＿＿＿＿＿＿＿＿＿＿＿＿＿＿＿＿＿＿＿＿＿＿＿＿＿＿＿＿＿＿

（5）＿＿＿＿＿＿＿＿＿＿＿＿＿＿＿＿＿＿＿＿＿＿＿＿＿＿＿＿＿＿＿＿＿

（6）＿＿＿＿＿＿＿＿＿＿＿＿＿＿＿＿＿＿＿＿＿＿＿＿＿＿＿＿＿＿＿＿＿

（7）＿＿＿＿＿＿＿＿＿＿＿＿＿＿＿＿＿＿＿＿＿＿＿＿＿＿＿＿＿＿＿＿＿

二、确定人员分工

任务实施过程中要明确分工任务，组长要调动组员充分表达不同意见，形成职责清晰的任务分工表。

组员姓名	任务分工

三、过程监督

请各组成员在任务实施过程中做好过程记录，组长负责进行监督，全组共同完成进度监督表。

工作阶段	时间	工作内容	检查情况记录（优缺点）	改善措施以及建议

四、各组成员记录任务实施过程中的困难及收获

困难：_____

_____

小组成员想到的解决方法：_____

_____

本次活动的收获：_____

_____

五、成果展示

（1）各小组口述各式酒水饮品的服务过程。

（2）各小组能展示其中一种酒水饮品服务的过程。

（3）各小组能展示在服务中突发事件的应急处理。

六、班内汇报

汇报内容包括：对本次任务完成情况的介绍、任务实施过程中遇到的困难和解决的方法、对所搜集及观察到的内容的解说等。小组互相点评，并对同学的汇报情况做好记录。

组别	汇报情况（包括任务完成情况介绍、过程处理及搜集效果等方面）

评价反馈

以小组为单位，结合表中标准，围绕自己在活动中表现，进行客观评价。

小组成果展示评分表

评价内容	工作过程清晰、有条理（20分）	突出个性化服务（20分）	卫生标准符合要求（20分）	小组成员分工清晰合理（20分）	口述清楚、有条理性（20分）	总分（100分）
自评						
小组评						
教师建议						

●学习目标

1. 能懂得酒会的类型；
2. 能知道酒会前准备工作、酒会中工作和酒会结束后的工作内容；
3. 能设计好酒水台的场地布置和物品布置；
4. 能分派好小组内成员的分工，培养同学间良好的沟通与合作精神。

情境描述

学校将在校内召开一次校企联盟合作大会，邀请大概200人左右的校企合作人员出席，会议期间和结束后都会有酒水服务和冷餐会服务，请根据接待要求完成以下任务：

（1）能讲述酒会工作的流程；

（2）根据接待任务，设计一份酒会组织接待方案并搭建酒会的场地；

（3）小组现场展示酒会的工作内容。

任务布置

（1）每5—8人组成一组，以小组为单位，以设计酒会类型、酒会组织、布置酒会场地为任务。

（2）各小组能口述酒会人员组织分工、设计方案。

（3）各小组能展示布置酒会场地、完成酒会和酒会结束后的工作过程和方法。

知识链接

酒会是目前社会交际中较为流行的一种活动，起源于欧美。酒会也称鸡尾酒酒会，不像宴会那样复杂和拘束。酒会以酒水为主，略备小吃，不设座椅，仅置小桌或茶几，以便宾客随意走动。通常酒会准备的酒类品种较多，有鸡尾酒和各种混合饮料以及果汁、汽水、矿泉水等，一般不用或少用烈性酒。食品多为三明治、面包圈、小香肠、炸春卷等，以牙签取食。饮料和食品由服务员用托盘端送，也有一部分放在小桌上。

一、酒会的类型

1. 按酒会的主题分类

按酒会的主题分类，酒会可分为婚礼酒会、开张酒会、庆祝庆典酒会、产品介绍酒会、签字仪式酒会、乔迁祝寿酒会等。这种分类对组织者很有意义，而对酒吧服务部门来说，只要针对各种不同的主题配以不同的装饰、酒类品种就可以了。

2. 按照组织形式分类

按酒会的组织形式可分为两大类，一类是专门酒会，另一类是正规宴会前的酒会。

（1）专门酒会是单独举行的酒会，主要内容包括签到、组织者和来宾致辞等，有的甚至包括时装表演、歌舞表演等。专门酒会可分为自助餐酒会和小食酒会。自助餐酒会一般在午餐或晚餐时进行，小食酒会则多在下午茶的时候进行。

（2）宴会前酒会比较简单，它的功能是在宴会前召集客人，使得宴会召开前不致使等候的客人受冷落，宴会前酒会还可以提供自由交流、联络感情的场所，扩大客人的沟通范围。

3. 按照收费方式分类

目前从服务行业来看，比较重要的是以收费方式来分类，见表 3-1。

表 3-1 按消费方式分类的酒会

按收费方式分类	主要区别
计量消费酒会	酒会不限时间、不限品种，酒会结束后按酒水实际用量结算。一般有普通型和豪华型两种，普通型的酒水品种只限于流行品牌；豪华型的可以提供较名贵的酒水。
定额消费酒会	消费额已固定，酒水部根据酒会人数及时间，设计酒会品种与数量，这种酒会经常与自助餐连在一起。客人预订时，先确定每位来宾所消费的金额，然后确定酒水和食物所占的比例。这种酒会要经过精心计算，既要在酒水品种和数量上给客人以满足感，又要控制好酒水的成本。
现付消费酒会	主办方只租借酒会场地，主人只为客人提供入场券。在酒会中客人可自由选购饮品，但须由自己结账。
定时消费酒会	酒会限定服务时间但不限酒水，酒会结束后按酒水实际用量结算，通常有 1 小时、1.5 小时、2 小时几种。时间一到将不再供应酒水。目前，此类形式比较流行，主要是方便客人掌握时间。

二、酒会的工作程序

（一）酒会前的工作内容

1. 收到酒会布置通知单

宴会部根据客人的要求，填写酒会布置通知单并下达到各相关部门。酒吧接到酒会布置通知单后，要留意酒会的性质、地点、时间、人数等相关信息，然后开展酒会设置的具体工作。

2. 编写酒会接待计划

根据酒会通知单的具体要求，酒水部制定详细的酒会接待计划。酒会接待计划包括：酒会服务人员、酒水供应品种、杯具及其他服务物资的清单、酒会场地布置图等，并制定出详细的接待服务规程。

酒会接待计划填写要清楚，一式三份：一份交宴会部作为给宾客开单的依据，一份交成本会计室，一份由酒水部存档。

3. 酒会人员安排

根据酒会的形式、规模和人数设定酒会人员。酒会人员是指酒会服务员、调酒师和酒会管理人员。不同规模的酒会因工作量不同设置临时酒吧的数量和人员都不一样。一般情况下，约200人的酒会需调酒师2人，实习生1人；100人的小型酒会需调酒师1人，实习生1人。

4. 准备酒具

根据酒会接待计划准备酒杯。由于酒会客人多而集中，供应量大并要求出品速度快，所以酒会设置的饮料多以供应简单的混合饮料为主，常用的酒杯主要包括柯林杯、果汁杯、高杯和啤酒杯，根据实际情况可准备少量的鸡尾酒酒杯。酒杯的总数可按酒会计划人数的 3 倍准备。所有酒杯应事先擦干净，无水迹、无破损。

部分酒杯先摆放在临时吧台上，准备倒入饮料。余下的酒杯，分装在杯筐中备用。所有酒杯需在酒会开始前 1 小时运到酒会现场。

5. 准备酒水

根据"酒会接待计划"准备酒水原料，所有酒水都应在酒会开始前 1 小时准备到位，若需冰镇的酒水、饮料则需提前做好准备。所有酒水及饮品准备应在酒会开始前 30 分钟全部准备完毕。

为客人设计定额消费酒会酒水品种和数量时应注意以下问题：

（1）人均消费成本。以人均消费额 150 元的纯酒会为例，如果酒会成本率定在 20%，那么，原料成本即每人 30 元，酒水部则以此标准为客人设计酒水品种。

（2）客人的饮用量。饮用量一般是以每小时每人 3 杯左右计算，每杯饮料 220—280 毫升。

（3）酒会活动时间的长短。

（4）酒会的规格。客人要求配备的酒水是以软饮料、啤酒消费为主还是档次较高的酒水饮料。

6. 设置临时酒吧

酒会开始前 1 小时，调酒师和服务人员必须根据酒会接待计划上的布置平面图设置临时酒吧，吧台的数量一般按每 100 人设置一个为标准。设置临时酒吧的最佳位置应尽量在靠近入口不远的地方，以便主人招呼宾客，主要是注重美观和方便工作两个要点。

临时酒吧的设置（包括酒水、酒杯、工具等）要在酒会开始前 30 分钟设置完毕，并且仔细检查。布置可以有以下几方面：

（1）在吧台处摆放酒水和酒具以及干果小吃、水果盘。

（2）全场布置气球、鲜花及挂幅（由客人公司进行相关准备）。

（3）酒会提供投影仪、音响、话筒等相关工具。

7．调制混合饮料

酒会的混合饮料多以果汁、什锦水果"宾治"为主。此类饮料应提前 30 分钟调制好，数量可按计划人数的 2 倍调制，可以调好后送到酒会现场。

8．提前倒入酒水

提前倒饮料的时间可根据酒会的规模来决定，宴会开始后，由宴会服务员将饮料放在托盘上送给客人，以免造成酒吧前拥挤。

一般小型酒会（指 100 人以下）必须有客人进场时，酒水员才逐杯逐杯倒酒水，注意控制数量；如果是中型宴会（指 100—200 人）则可在客人入场前提前 5 分钟准备 30—50 杯饮品，以免客人大批涌入时，酒水供不应求，领班或酒水员应视实际情况灵活处理。如果是大型酒会（指 200 人以上），则可在客人入场前 5 分钟开始准备 60 杯饮品。

9．迎接客人

再次检查临时酒吧的准备情况，检查仪容仪表，各就各位，准备迎接客人。特别是大中型酒会，由于工作任务集中，调酒师如不按编排位置站立，场面就较难控制。

（二）酒会开始时的操作

1．迎接客人，递送酒水

当酒会开始时，所有酒会的调酒师、服务员都应当面带微笑，站在各自的工作岗位上随时为客人提供服务。

所有酒会在开始的10分钟是最拥挤的，如果饮料供应不及时就会把酒吧搞垮。第一轮的饮料，应在10分钟内全部完成并送到客人手上。大、中型酒会中，主要以服务员托送的方式把饮料呈给客人。负责指挥的酒吧经理须巡视酒吧，看看酒吧是否超出负荷，如是则应立即抽调人手支援。如果宾客站在吧台前，调酒师应主动为宾客提供服务。

2．放置第二轮杯具

酒会开始十分钟后，酒吧压力会逐渐减轻，因第一轮的饮料已基本送出，所以临时吧台上的酒杯也基本清空。调酒师或实习生要将空酒杯（干净的）迅速放到吧台上排列好，数量与第一轮相同。

3．斟倒第二轮酒水

当酒会开始约15分钟后，客人就会开始饮用第二杯酒水。当第二轮酒杯放置好后，调酒师要根据客人在第一轮的饮用情况（各种饮料受欢迎的程度），迅速将饮料倒进酒杯候用，倒后把杯排成四方形或长方形。

4．补充酒杯和酒水

当酒会进入正常运作阶段，调酒师要及时补充干净的杯具，经常留意酒水的消耗量，以保证供应。

5．酒会高潮

酒会高潮会出现在刚开始的十分钟及临近结束前十分钟，还有主人宣读完祝酒词时。这时调酒师动作要快些、多出品，尽可能在短时间内将酒水送给客人。

（三）酒会结束后的工作

1. 清点酒水用量

在酒会结束前 10 分钟，要照宴会酒水销售表清点酒水，确切点清所有酒水的实际用量，以便收款结账。酒会酒水销售表填写要清楚，一式三份：一份交宴会部作为给宾客开单的依据，一份交成本会计室，一份由酒水部存档。（见表 3-2 酒会酒水销售表）

表 3-2　酒会酒水销售表

酒会日期：×××× 年 × 月 ×× 日　　　　　酒会时间：15：00-16：00

酒会名称：×× 酒会　　　　　　　　　　　酒会类型：定额消费酒会

酒会人数：100 人　　　　　　　　　　　　酒会地点：宴会厅

主办单位：×× 公司　　　　　　　　　　　付款形式：现金支付

序号	酒水名称	规格	单位	领用数量	实际用量	退还数量
1	占边威士忌	750mL	支	2	2	/
2	哥顿金酒	750mL	支	1	1	/
3	斯米诺夫伏特加	750mL	支	1	1	/
4	酒店专用红酒	750mL	支	6	6	/
5	酒店专用白酒	750mL	支	6	6	/
6	喜力啤酒	330mL	罐	72	72	/
7	青岛啤酒	330mL	罐	72	72	/
8	新的橙汁	840mL	支	1	1	/
9	新的芒果汁	840mL	支	1	1	/

（续上表）

10	可口可乐	330mL	罐	48	48	／
11	雪碧	330mL	罐	48	48	／
12	屈臣氏苏打水	345mL	罐	12	12	／
13	香蕉片	500g	包	5	5	／
14	鱿鱼丝	500g	包	5	5	／
……	……					
	合计（　）桌，（　）人，（　）元					

　　另外，如果酒会属于定额消费酒会，即酒会成本与服务时间已确定，当日提供的酒水品种与数量也已在酒会前确定。酒会结束后，客人可将剩余的酒水原料带走。

　　2. 吧台收尾工作

　　当客人全部离场后，调酒师应马上把所有剩余的酒水、调酒用具和服务用具运回酒吧，撤走临时吧台，恢复宴会厅原貌。收撤工作应按以下程序：

　　（1）撤酒水；

　　（2）撤垃圾；

　　（3）撤余下杯具；

　　（4）拆围台的台裙；

　　（5）搞卫生；

　　（6）再次检查确保交一个干净的现场给楼面。

　　【知识延伸】——中式宴会酒水服务出品注意事项

　　中式宴会通常指中式围餐、中式婚宴。供应的酒水品种一般为大瓶装国产啤酒、瓶装橙汁汽水及可乐。数量标准根据客人要求设置，一般每席均配啤酒、可乐、橙汁汽水等。由于宴会服务内容涉及餐饮部和酒水部工作，调酒师和酒吧服务员在宴会服务中的工作注意事项有：

　　（1）如宴会要求酒水按实耗计算，则根据宴会单要求准备相应的酒水，同时需提前一天预先冷藏。

　　（2）中式宴会酒水服务由餐厅服务员负责酒水出品，一般不加冰，如客人需要，服务员再另跟冰上。

　　（3）在宴会过程中，酒水方面客人如有特殊要求或楼面经理需酒吧协助的事宜，由楼面负责人及时知会酒吧负责人，以便协同做好，确保出品质量。

（4）针对某些有接见仪式在前的重要宴会接待安排，根据楼面经理现场预计的宴会开始时间，提前 30 分钟将酒水派送至后台并开始派发。

（5）宴会期间瓶装酒水由宴会服务员统一使用玻璃水勺斟倒服务，与管事部协调好，确保有足够的玻璃水勺用于操作服务。

（6）宴会中高档酒水如果是由客人自带提供，事前、事后均应由楼面和客人交接清楚。在宴会接待前，由楼面经理和酒吧领班交接好自带酒水的数量和服务注意事项；在宴会接待过程中，所有酒水的空瓶均要保留，以便清点；到宴会结束后，酒吧领班、楼面经理和客人应再次交接清楚相关数目。

任务准备

一、团队组建

本书大部分内容的学习采取小组学习的方式进行，请在规定时间（10 分钟）内自行组建学习小组（每组人数视班级情况自定），6—10 人为一组，教师根据学生特质作适当调配。

班名		组别	
组长		组长电话	
组员姓名			

二、物品和场地准备

1. 场地

模拟餐厅或宴会厅。

2. 物品

（1）桌椅家具：长方桌拼成酒水台，圆桌小吧台若干张；

（2）电器设备：咖啡暖炉机、音响设备；

（3）餐巾布件：桌布、餐巾、抹布、台裙；

（4）调酒用具：摇酒壶、量杯、滤冰器、吧匙、搅棒、吸管、配料盒、纸巾、冰桶、冰铲、果汁壶、酒嘴等物品；

（5）杯具：鸡尾酒杯、香槟杯、古典杯、软饮杯等多款杯型，每款数量若干；

（6）其他物品：托盘、小食碟、牙签、杯框等；

（7）各小组自备酒水台布置装饰的物品。

任务实施

一、制定实施方案

认真分析任务，并确定好任务实施方案或工作流程。

（1）_____

（2）_____

（3）_____

（4）_____

（5）_____

（6）_____

（7）_____

二、确定人员分工

任务实施过程中要明确分工任务，组长要调动组员充分表达不同意见，形成职责清晰的任务分工表。

建议角色分配有：A. 酒吧迎宾员兼楼面服务员

B. 调酒师

C. 酒吧主管

D. 客人

组员姓名	任务分工

三、过程监督

请各组成员在任务实施过程中做好过程记录，组长负责进行监督，全组共同完成进度监督表。

工作阶段	时间	工作内容	检查情况记录 （优缺点）	改善措施以及建议

四、各组成员记录任务实施过程中的困难及收获

困难：_____

_____

小组成员想到的解决方法：_____

_____

本次活动的收获：_____

_____

五、成果展示

（1）能口述酒会人员组织分工、酒会场地布置方案、酒水准备接待方案。

（2）各小组能展示布置酒会场地、完成酒会和酒会结束后的工作过程和方法。

六、班内汇报

汇报内容包括：对本次任务完成情况的介绍、任务实施过程中遇到的困难和解决的方法、对所搜集及观察到的内容的解说等。小组互相点评，并对同学的汇报情况做好记录。

组别	汇报情况（包括任务完成情况介绍、过程处理等方面）

☑ 评价反馈

以小组为单位，结合表中标准，围绕自己在活动中表现，进行客观评价。

评分表 1　酒水服务工作评分表

序号	项目	应得分	扣分	实得分
1	酒会前物品准备	20		
2	酒会酒水接待方案设计	20		
3	酒水接待服务	30		
4	突发事故处理	10		
5	收台清扫	10		
6	工作态度与出勤	10		
	合计	100		
	小组评分			
	教师建议			

评分表 2　个人完成任务评分表

学习目标	评价项目	小组评价	教师评价
语言能力	表达准确，不产生歧义		
协作能力	与本组成员间的协调合作		
专业能力	能紧密结合本学习情境，不离题		
创新能力	在拟订接待方案时，有自己独特的意见与见解		
工作态度	工作认真、考虑问题细心、做事不推诿		

思考与练习

（1）能讲述鸡尾酒会与冷餐会的区别。

（2）哪些类型的饮品比较适合作为酒会的饮品？

（3）收集资料，思考如何布置酒会酒水台。

参考文献

[1] 杨真. 调酒技术 ［M］. 北京：中国劳动社会保障出版社，2007.

[2] 徐利国. 调酒知识与酒吧服务实训教程 ［M］. 北京：高等教育出版社，2010.

[3] 费寅，韦玉芳. 酒水知识与调酒技术 ［M］. 北京：机械工业出版社，2010.

[4] 何立萍. 酒水知识与酒吧管理 ［M］. 北京：中国劳动社会保障出版社，2011.

[5] 蔡洪胜. 酒吧服务技能与实训 ［M］. 北京：清华大学出版社，2012.

[6] 陈叶. 亲手煮杯好咖啡 ［M］. 北京：化学工业出版社，2011.